本研究由南京农业大学中央高校基本科研业务费人文社会科学研究基金（项目编号：SKYC2021007）、江苏高校"青蓝工程"和江苏高校哲学社会科学研究一般项目（项目编号：2021SJA0066）资助

长三角一体化背景下的

城市土地利用效率研究

严思齐◎著

吉林大学出版社

·长春·

图书在版编目（CIP）数据

长三角一体化背景下的城市土地利用效率研究 ／ 严思齐著. -- 长春：吉林大学出版社，2024.6. -- ISBN 978－7－5768－3230－3

Ⅰ. F299.232

中国国家版本馆 CIP 数据核字第 20242877CG 号

书　　名　长三角一体化背景下的城市土地利用效率研究
　　　　　CHANG-SANJIAO YITIHUA BEIJING XIA DE CHENGSHI TUDI LIYONG XIAOLÜ YANJIU
作　　者　严思齐
策划编辑　李晓溪
责任编辑　李潇潇
责任校对　李　莹
装帧设计　中联华文
出版发行　吉林大学出版社
社　　址　长春市人民大街 4059 号
邮政编码　130021
发行电话　0431－89580036/58
网　　址　http：//www.jlup.com.cn
电子邮箱　jldxcbs@ sina.com
印　　刷　三河市华东印刷有限公司
开　　本　787mm×1092mm　1/16
印　　张　13
字　　数　190 千字
版　　次　2024 年 6 月　第 1 版
印　　次　2024 年 6 月　第 1 次
书　　号　ISBN 978－7－5768－3230－3
定　　价　85.00 元

前　言

　　土地是支撑经济社会发展的宝贵资源，城市土地利用效率的提升对于缓解土地资源约束、促进经济社会发展绿色转型具有重要意义。在长三角区域一体化持续推进的背景下，长三角城市土地利用效率不仅受到城市自身特征属性的影响，也必然与区域一体化因素密切相关。本书聚焦交通网络联系、信息网络联系、区域市场整合等区域一体化的核心内容，从理论角度探究其对城市土地利用效率的影响机理，采用超效率SBM模型测度城市土地利用效率，运用社会网络分析方法测度铁路和信息网络联系强度，运用价格指数法测度市场分割程度，进而利用空间面板模型实证分析了区域一体化因素对长三角城市土地利用效率的影响。研究结果表明：长三角城市铁路和信息网络联系强度、市场整合程度及土地利用效率均呈现显著的增长趋势；铁路和信息网络联系强度的提高、市场整合程度的提升均有助于促进城市土地利用效率的提升；铁路和信息网络联系强度的提高产生了显著的空间溢出效应。本书适合土地资源管理、城市经济与管理等领域的学者及决策者阅读和参考。

严思齐

2024年5月

目 录
CONTENTS

第一章

绪　论

第一节　研究背景与意义

随着中国经济进入高质量发展阶段，效率驱动、创新驱动已成为经济增长的主要动力。土地是支撑经济社会发展的宝贵资源，提升土地利用效率不仅有助于推动经济发展质量变革、效率变革、动力变革，也是促进经济社会发展全面绿色转型、应对土地供需矛盾的必然选择。由于人均土地资源少且实行严格的土地用途管制，土地资源约束一直是中国式现代化建设过程中的重要瓶颈（陆铭 等，2019；王少剑、王婕妤，2022）。根据《全国国土规划纲要（2016—2030 年）》中的分析，早在 2015 年，京津冀、长三角、珠三角等地区国土开发强度已接近或超出资源环境承载能力，建设用地后备资源十分紧缺。据统计，广州、苏州、南京、无锡、佛山等城市近年来的国土开发强度已逼近或超过 30% 的国际警戒线，上海、深圳、东莞更是接近或超过 50%，未来不可能再采用大规模新开发土地的方式来满足建设用地需求。"十四五"规划纲要提出"十四五"期间全国新增建设用地规模控制在 2 950 万亩（1 亩 = 666.67 平方米）以内。然而，中国持续推进的新型工业化、城镇化进程决定了今后一定时期内土地需求还将保持较为旺盛的态势。只有通过不断提升土地利用效率，才能够有效缓解土地资源约束和供需矛盾。

城市是开展经济活动的基本空间单元，但区域中的城市并非相互独立、静态存在的，而是通过各类基础设施以及劳动力、资本、信息等要素的流动而紧密联系的。随着交通、信息和通信技术的快速发展，以城市群、都市圈为基本形态的"城市区域"已成为经济活动的重要空间组织形式（张衔春等，2021；Li et al.，2022）。在京津冀协同发展、粤港澳大湾区建设、长三角区域一体化发展等区域重大战略的推动下，京津冀、珠三角、长三角等地区的区域一体化水平不断提升，对全国高质量发展的引领带动能力不断增强。区域一体化发展对于畅通国内大循环、构建新发展格局的重要意义日益凸显。与区域一体化进程的持续推进相对应，地理学关于城市体系及其空间组织逻辑的研究出现了研究范式转向，从基于"场所空间"理论、强调城市特征属性和等级规模的等级范式向基于"流空间"理论、关注跨城市要素流动和城市间交流联系的网络范式转移（Dicken et al.，2001；胡国建 等，2019）。在经济学研究领域，新经济地理学和"新"新经济地理学将空间因素纳入主流经济学分析框架，以规模报酬递增和不完全竞争为主要理论基础，研究探讨经济活动的空间分布以及区域一体化背景下的贸易、投资、经济增长、收入分配等问题（Krugman and Venables，1995；刘秉镰 等，2020）。上述经济社会发展趋势和研究脉络梳理对城市土地利用效率研究具有重要启示：城市土地利用效率不仅受到城市自身特征属性的影响，而且必然与区域一体化因素密切相关。在区域一体化进程中，交通通达度的提升有助于降低运输成本、促进要素流动、加速创新和知识溢出；区域市场整合有利于促进规模经济实现、强化市场竞争、减少要素配置扭曲；产业分工协作有助于各城市充分发挥比较优势、减少无序竞争、推动产业集聚。在这些因素的作用下，土地使用者集约利用土地的经济激励能够得到增强，土地利用的技术水平得以提升，土地要素配置得到优化，从而促进城市土地利用效率的有效提升。

城市土地利用效率是近年来学术界研究的热点问题，学者们主要关注城市自身特征属性（经济发展水平、产业结构、城市规模等）和制度性因素（土地市场化改革、土地财政等）对土地利用效率的影响（Liu et al.，2021；Lu and Wang，2022；于斌斌、苏宜梅，2022）。相较而言，基于区域一体化视角的研究还有待进一步拓展和深化。既有研究侧重于考察区域一体化对城市土地利用效率的整体影响，聚焦区域一体化的核心内容，深入剖析其对城市土地利用效率的影响渠道和影响机理的研究还较为鲜见。在研究方法方面，既有研究主要采用双重差分法或测度城市间经济联系强度的引力模型。利用这两种方法虽能够回答是否产生影响和影响强度如何的问题，却无法回答如何产生影响的问题；后一种方法建立在一系列理论假设与情景模拟之上，其科学性和准确性也受到了质疑。在研究数据方面，既有研究以使用刻画城市特征属性数据为主，而较少使用直接反映城市间联系的关系数据。

长三角地区是中国经济极具活力、开放程度高、创新能力强的区域之一，该地区区域一体化发展历史也较长、基础较为坚实。从早期的长三角城市经济协调会成立，到 2010 年国务院批准实施《长江三角洲地区区域规划》，再到 2018 年长三角区域一体化发展上升为国家战略，长三角一体化发展不断向纵深推进。经过多年来的发展，长三角地区省际高速公路基本贯通、主要城市间高速铁路有效连接，区域市场一体化建设取得明显成效，城市间经济联系日趋紧密，区域合作平台和协作机制有效运转。然而，在长三角一体化发展过程中也存在着一些亟待解决的问题：区域内发展不平衡不充分，区域一体化发展体制机制尚不完善；阻碍生产要素和商品自由流动的行政壁垒并未完全消除，区域市场整合程度有待提高；城市间分工协作不够，存在一定程度的同质化竞争等。综上所述，无论从区域一体化进程还是研究样本的典型性上看，长三角地区都是研究区域一体化背景下相关经济社会问题较为理想的研究区域。

综合以上分析，本研究聚焦交通网络联系、信息网络联系、区域市场一体化等区域一体化的核心内容，从理论角度探究其对城市土地利用效率的影响渠道和影响机理，选取长三角地区作为研究区域，在时空格局演化特征分析的基础上，实证分析区域一体化各主要方面对城市土地利用效率的影响效应并检验相关影响渠道，探讨基于区域一体化发展的城市土地利用效率提升机制。本研究既有助于拓展城市土地利用效率影响因素的分析框架、推动区域一体化的影响效应的研究范式革新，也能够为提升土地利用效率和缓解土地资源约束、推进长三角高质量一体化发展提供科学依据和决策参考，具有重要的理论和现实意义。

本研究的理论意义主要体现在：①将区域一体化理论融入城市土地利用效率影响因素的分析框架，有助于丰富土地利用效率研究的研究视角和理论体系，更加全面、准确地厘清城市土地利用效率的影响机理；②融合经济地理学、城市地理学、区域经济学等多学科理论揭示区域一体化因素对城市土地利用效率的影响机理，探究区域一体化因素的影响效应在不同禀赋、不同特征城市之间的差异性，有利于推动区域经济一体化的影响效应研究的研究范式革新。

本研究的现实意义主要体现在：①开展城市土地利用效率的影响机理和提升机制研究，能够为缓解土地资源约束和供需矛盾、促进经济社会发展全面绿色转型提供科学依据，也能够为推动经济发展效率变革、助力高质量发展提供决策支持；②针对长三角地区开展城市土地利用效率研究，可以为推进长三角高质量一体化发展提供科学支撑，并为长三角地区打造区域一体化发展示范样板、更好发挥对全国高质量发展的引领作用提供决策参考。

第二节　国内外研究述评

一、区域一体化研究

1. 区域一体化的内涵和理论基础

区域一体化概念发轫于对主权国家之间经济合作的相关研究，最初主要指区域内国家通过消除贸易和市场壁垒、提高政策统一性等促进区域整合，逐渐结合成为超国家的经济统一体（Nikogosian，2020；Nelson，2022）。早期的区域一体化理论主要包括关税同盟理论、自由贸易区理论、共同市场理论等（王珏、陈雯，2013）。随着相关实践的深入，区域一体化所涉及的空间尺度和核心内容不断拓展（见图1-1）。在空间尺度方面，由国际尺度的区域经济一体化拓展到主权国家内部城市群、都市圈尺度的区域一体化（Li et al.，2022；屠启宇、余全明，2022）。在核心内容方面，由主要关注市场壁垒的破除，拓展到涉及交通通达、市场整合、产业分工等各个方面的内容（张衔春 等，2019；张亚丽、项本武，2021；王秋玉 等，2022）。学者们基于地理学、经济学、城市规划学等学科的相关理论对区域一体化的内涵进行了广泛而深入的探讨。尽管关于区域一体化内涵的各种表述侧重点有所不同，但均认可交通运输畅通、要素自由流动、市场壁垒破除、城市间分工合作等是区域一体化的本质内涵，如图1-1所示。新区域主义、新经济地理学、"新"新经济地理学、新制度经济学等理论为区域经济一体化理论发展注入了新的活力（Macleod and Jones，2001；Melitz，2003；Zukauskaite et

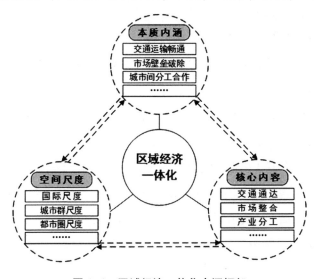

图1-1 区域经济一体化内涵框架

al.，2017）。其中，新经济地理学和"新"新经济地理学将空间因素纳入主流经济学分析框架中，在解释区域经济一体化的动力机制和影响效应方面发挥了重要作用。

2. 区域一体化评价

在区域一体化评价方面，有的学者从区域整体层面对一体化水平进行测度，更多学者则立足于城市层面，考察各城市自身经济与区域经济的融合程度。在后一种研究中，学者们主要基于以下 2 种思路开展分析：一是采用引力模型测度城市间经济联系强度，并以其表征某一城市与其他城市之间的一体化水平（Gao et al.，2020；Mao et al.，2020）；二是关注交通通达、市场整合、产业分工等区域一体化的核心内容，通过测度相关指标从不同方面反映各城市经济与区域经济的融合程度。第一种思路所采用的引力模型方法建立在一系列理论假设（距离衰减规律等）与情景模拟之上，所利用的是人口、地区生产总值等属性数据而非直接反映城市间联系的关系数据，因而其准确性和适用性受到了质疑。相较而言，第二种思路能够对城市间的联系进行直接刻画，从而更加准确地从多角度反映不同城市之间、单个城市与区域整体之间的经济一体化水平。

在对交通通达度进行评价时，研究者主要从连通性、可达性这两方面开展分析（Jiao et al.，2020）。在交通连通性方面，有学者根据研究区域是否接入各类交通网络来进行评价（孙伟增 等，2022），更多学者采用交通密度（公路、铁路等的路网密度）指标来进行测度（谢呈阳、王明辉，2020；文雁兵 等，2022）。近年来，社会网络分析方法在地理学、经济学中的应用日趋广泛，有研究者基于公路、铁路等的客运班次数据，采用各类中心度指标对研究区域的连通性进行测度与评价（罗能生 等，2019；戴靓 等，2020）。在交通可达性方面，研究者通常采用加权平均出行时间、经济潜力指数、日常可达性指数等指标来进行评价（Gutiérrez，2001；陶卓霖 等，2016）。由于加权平均出行时间能够反映交通网络中节点城市的经济社会发展水平和规模对区域平均通达时间和可达性的影响，因而在相关研究中得到了广泛应用

（贾文通 等，2021；金文纨 等，2022）。有研究者分析了交通通达度与土地利用效率之间的关系，但通过构建和估计计量模型直接识别二者之间因果关系的研究仍相对较少。崔学刚等（2018）基于山东半岛城市群 42 个县级行政单元的数据，利用高速公路相对密度、到高铁站及机场的距离等指标构建高速交通优势度评价模型，分析了高速交通优势度和土地利用效率之间的空间相关关系，但却并未直接检验前者对后者的影响。朱新华等（2019）基于长三角地区 26 个城市的数据，以高铁站点、线路数量及高铁总里程表征城市的高铁发展状况，利用 PLS（partial least square，偏最小二乘法）结构方程模型考察了高铁对城市土地利用的影响。该研究发现高铁发展状况与各类生产要素之间呈显著正相关关系，而生产要素对土地利用综合效益具有正向影响。赵哲等（2020）利用京津冀城市群县级行政单元的数据，基于交通路网网络特征构建空间权重矩阵，考察了各类因素对土地集约利用水平的影响和空间溢出效应。然而，该研究并未直接分析检验交通通达度是否会对土地集约利用水平产生影响。通过对既有研究进行梳理，可以看出：在交通连通性、可达性的测度方面，显现出利用不同交通方式数据，综合运用空间分析方法、统计分析方法、社会网络分析方法等多学科方法的研究趋势。关于交通通达度与城市土地利用效率之间因果关系识别的研究较为薄弱，考察前者对后者影响的空间溢出效应的研究则更为鲜见。虽然已有研究证实了城市交通通达度提升对本地土地利用效率的改善作用，但较少有学者深入探讨城市交通通达度提升对周边城市土地利用效率的影响。一方面，交通基础设施具有网络性特征，单个城市作为区域交通网络中的节点，其交通通达度的改善会提升整个区域交通网络的运行效率、降低周边城市的运输成本；另一方面，某个城市交通通达度的改善会提升该城市生产要素的边际产出和要素价格，吸引要素由周边城市流入本地，这种要素流动在增强本地集聚效应的同时却不利于周边城市要素集聚度的提升。深入探究交通通达度对土地利用效率影响的空间溢出效应，对于发挥交通枢纽城市的辐射带动作用、促进区域内不同交通禀赋城市土地利用效率的共同提升，具有重要意义。

在产业分工度的测度方面，既有研究主要采用克鲁格曼指数（行业分工指数）、地区专业化系数、产业结构相似系数、改进克鲁格曼指数、结构重合度指数、产业结构相似指数等指标（Finger and Kreinin，1979；Krugman，1991；张亚丽、项本武，2021）。前两种指标是产业分工度的正向指标，其值越大，表示地区间的分工协作程度越高、产业同构程度越低；后四种指标则为产业分工度的负向指标。值得注意的是，克鲁格曼指数、产业结构相似系数、改进克鲁格曼指数和结构重合度指数最初设计用于分析两地区间的产业分工或同构程度，但也可将这些指标推广，用于分析区域范围内某一城市与所有其他城市之间的产业分工或同构程度。樊福卓（2013）详细分析了改进克鲁格曼指数的这种推广应用，并论证了其测度结果与地区专业化系数、产业结构相似指数的一致性。已有研究探讨了城市自身的产业结构特征对其土地利用效率的影响。例如，何好俊和彭冲（2017）基于面板向量自回归模型回归分析，考察了产业结构合理化、高级化对城市土地利用效率的影响；于斌斌和苏宜梅（2020）基于空间杜宾模型回归分析，探讨了产业结构合理化、高度化、服务化对城市土地利用效率的影响。仅有少数学者考察了城市间产业分工对土地利用效率的影响。张雯熹等（2019）和 Zhang 等（2022）采用克鲁格曼指数测度城市间的产业分工度，通过构建和估计面板数据模型发现，产业分工有助于促进城市土地利用效率的提升。此外，卢新海等（2018）基于产业分工、要素流动等方面构建产业一体化评价指标体系，分析了产业一体化与城市土地利用效率之间的耦合协调关系。通过对既有研究进行梳理，可以看出：有关城市自身的产业结构特征对其土地利用效率影响的研究较为充分，关于城市间产业分工对土地利用效率影响的研究则相对薄弱。鲜有学者探讨产业分工与区域经济一体化其他方面的关联及其对城市土地利用效率的影响。既有研究大多单独考察区域市场一体化、产业分工对城市土地利用效率的影响，而较少有学者基于市场整合与产业分工耦合的视角，探讨产业分工对土地利用效率的影响强度是否随着区域市场一体化程度的变化而变化。产业分工有助于提升区域内各城市的专业化集聚水平，而集聚产生的规模报酬递增和集聚正外部性是城市土地利用效率提升的重要源泉。区域市场一体化可以在空间集聚的基础上进一步扩大本地企业的潜在市场规模，进而促进各城市优势特色产业的发展和土地利用中规模经济的实现。因而，区域市场一体化可能有助于增强产业分工对土地利用效率的正向影响。深入探讨区域市场一体化对产业分工与土地利用效率之间关系的调节效应，对于最大限度地发挥产业分工的效率提升作用，具有重要意义。

3. 区域一体化治理研究

学者们基于新区域主义、新制度经济学等理论对区域一体化的治理机制与政策创新进行了研究。王雨和张京祥（2022）探讨了地区间制度差异对区域一体化的影响机制。他们将制度距离定义为地区之间制度边界和制度资源的差异，并分析了制度距离对要素流动规模和流动方向的影响，指出制度距离的缩小有助于推动区域空间治理现代化。张衔春等（2021）基于尺度理论对中国城市区域治理的尺度逻辑进行了阐释。该研究发现城市区域治理的产生是国家空间选择的结果，旨在克服地方政府企业主义所造成的城市间无序竞争、市场分割、环境恶化等负外部性。屠启宇和余全明（2022）从多维邻近性的视角对如何推动区域高质量一体化发展进行了探讨。他们认为应制定增进地理、关系、社会、认知、技术等方面邻近性的措施，以加强区域内各城市之间的联系、促进区域高质量一体化发展。王秋玉等（2022）对长三角区域一体化研究进行了梳理，指出长三角区域治理从早期以地区分割为特征的"行政区经济"向多层级网络化协商治理模式演化，但仍存在着正式的区域协调机构缺乏、区域政策由个别城市主导等问题。

通过对既有研究进行梳理，可以看出：区域一体化治理机制与政策创新领域的研究显现出融合地理学、经济学、城市规划学等多学科理论与方法的研究趋势。近年来，一系列区域重大战略的实施为区域经济一体化治理研究提供了丰富的研究样本。

通过对既有研究进行梳理，可以看出：城市群、都市圈尺度的区域经济一体化已成为近年来经济地理学、区域经济学研究的热点领域。交通通达、市场整合、产业分工等是区域经济一体化的核心内容。通过对这些核心内容所涉及的相关指标进行测度，可以较为准确地反映单个城市与区域整体之间的经济一体化水平。

二、城市土地利用效率研究

随着区域市场一体化进程的推进，不断增长的用地需求与有限的土地资源之间的矛盾日益凸显。如何解决增长的用地需求和资源短缺之间的不平衡问题，有效提高城市土地利用效率，是当前中国经济高质量发展的一项重要任务。国内外学者从不同的研究目的出发，围绕城市土地利用效率的测度指标设计、测度方法选择、动态演变规律和影响因素等方面进行了广泛而深入的研究，形成了丰富的研究成果。

1. 城市土地利用效率的测度指标体系

在测度指标体系设计上，局限于经济首位思维，部分学者仅从经济角度构建评价指标体系，用土地要素投入与经济产出的比值来表征城市土地利用效率（Stull，1974；李永乐 等，2014；韩峰 等，2016）。如李永乐 等（2014）采用单位面积城市建成区二、三产业产出来表征城市土地利用效率。随着认知的提高与研究的深入，越来越多的学者认为城市土地利用是包含经济、社会和环境的综合过程，单一指标并不能真实反映土地利用过程多种投入产出情况，将城市土地利用效率看作多种效益综合作用的结果（杨清可等，2014；张立新 等，2017；Zhu et al.，2019）。Zhu 等（2019）认为土地利用效率有两层内涵，宏观上指土地上产生的社会、经济和环境综合配置效益，微观上指土地结构效率、价值实现度和利用合理度。进一步地，近年来，绿色发展观念逐渐受到各界重视，"工业三废"等非期望产出作为"坏"产出被纳入城市土地利用效率评价体系（胡碧霞 等，2018；王德起、庞晓庆，2019；卢新海等，2020），研究发现，绿色发展理念下的城市土地利用效率测度结果明显低于传统结果。

2. 城市土地利用效率的测度方法

在测度方法的选择上，主要包括参数法和非参数法。随机前沿分析法（stochastic frontier analysis，SFA）是研究生产效率代表性参数法之一，根据生产关系确定生产函数，并对参数进行估计，从而计算全要素生产率，但其在确定指标权重时具有一定的主观性，容易造成结果的偏差。非参数法多以数据包络分析法（data envelopment analysis，DEA）来研究土地利用效率。由于 DEA 模型不需要预设生产函数形式，能避免主观性，因此被广泛应用于效率评价领域。Zhao 等（2018）采用 DEA 模型测度了 2005—2013 年京津冀城市土地利用效率水平。卢丽文等（2016）以长江经济带 108 个城市为例，测度土地绿色利用效率，得出整体效率水平不高，但有逐步改善趋势的结论。随着生态环境对人类生产生活重要性的凸显，环境污染作为非期望产出被纳入效率评价体系。为了更准确地测度包含非期望产出的城市土地利用效率，DEA 模型得到了进一步的拓展，SBM（slack-based measure，基于松弛值测算）模型（Tone，2001）、超效率 SBM 模型（Tone，2002）等相继出现。部分学者将环境污染等非期望产出纳入效率分析框架，运用 SBM 模型、超效率 SBM 模型测度效率，得出中国城市土地绿色利用效率整体上升的结论（李菁，2017；梁流涛 等，2019；卢新海 等，2020）。

3. 城市土地利用效率的时空演变特征

在动态演变特征上，研究者主要采用核密度估计、探索性空间分析等方法对中国、长江经济带、长三角城市群等的城市土地利用效率时空演变特征和区域差异展开研究。结果表明，研究期内各区域城市土地利用效率总体呈上升趋势，但整体水平不高，仍有很大的提升空间（王良健 等，2015；李璐 等，2018），且存在明显的分异特征，在全国、长江经济带层面表现为东部高、中西部低的空间分布格局（吴得文 等，2011；金贵 等，2018；曾冰、徐玉东，2020），研究期内全国、长三角城市土地利用效率差异呈不断扩大趋势（杨清可 等，2014），长江经济带效率差异逐渐缩小（卢丽文 等，2016；李璐 等，2018）。也有学者得出了其他结论，如杨海泉等（2015）研究得出 2001—2012 年长三角、京津冀和珠三角三大城市群的城市土地利用效率总体上均呈下降趋势。Lu 等（2018）利用 Dagum 基尼系数分解和核密度估计法，对中国省际土地利用效率的区域差异及时序演变规律进行了研究，发现效率差异呈现先升后降的趋势。

4. 城市土地利用效率的影响因素

城市土地利用效率的影响因素主要包括城市特征属性、制度性因素和区域经济一体化因素等方面（图 1-2）。城市土地利用效率通常与经济发展水平、产业结构、政府规制、对外开放程度等因素有关（Seto et al.，2011；陈伟 等，2015；Wang and Hui，2017）。胡碧霞等（2018）研究发现绿色发展理念下城市土地利用效率的影响因素与传统因素有所不同，绿色理念下的城市土地利用效率水平明显低于传统效率水平。近年来，也有部分学者基于集聚效应理论，研究产业集聚水平和空间结构等对土地利用效率或经济效率的影响（Brezzi and Veneri，2015；于斌斌，2015；张治栋、秦淑悦，2018）。于斌斌（2015）采用动态 GMM（Gaussion mixture model，高斯混合模型）研究了产业集聚对经济效率的门槛效应。Otsuka（2020）采用随机前沿分析（stochastic frontier approach，SFA）来评估区域间网络在提高生产效率方面的作用，研究结果表明，高速交通网络的发展有助于缩小日本经济的地区差距。

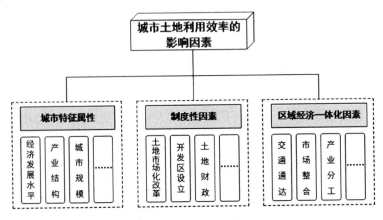

图 1-2 城市土地利用效率的影响因素分类

已有学者就区域经济一体化对城市土地利用效率的影响进行了探讨，相关研究主要基于以下 3 种思路开展分析。一是将区域经济一体化战略的实施视为一项准自然实验，采用双重差分法考察区域经济一体化进程的推进是否有助于促进城市土地利用效率的提升（陈丹玲 等，2021）。二是基于引力模型测度城市间经济联系强度，并将其作为区域经济一体化水平的测度指标，进而分析区域经济一体化对城市土地利用效率的影响（Gao et al.，2020；Mao et al.，2020）。三是聚焦于交通通达、市场整合、产业分工等区域经济一体化的核心内容，考察这些具体方面对城市土地利用效率的影响（Zhao et al.，2021；Zhang et al.，2022）。第一种思路有助于评估区域经济一体化的整体影响，却无法探明具体的影响机理和作用机制。第二种思路所采用的引力模型方法以一系列理论假设为前提，且利用的是属性数据而非直接反映城市间联系的关系数据，因而并不能够准确度量区域经济一体化水平。第三种思路在影响渠道识别的基础上，能够清晰揭示区域经济一体化的各主要方面对城市土地利用效率的影响机理，从而为促进土地利用效率提升提供更加深入细致的洞见。目前，有关区域经济一体化因素对城市土地利用效率影响的研究以采用第一种和第二种思路为主，采用第三种思路的研究相对较少。通过对既有研究进行梳理，可以看出：在城市土地利用效率的各类影响因素中，城市特征属性和制度性因素得到了较多的研究关注。相较而言，有关区域经济一体化因素对城市土地利用效率影响的研究尚不够充分，存在着重影响效应评估、轻影响机理分析和影响渠道检验的问题。

城市规模和空间结构是城市的重要特征，近年来许多学者在刻画城市规模和空间结构的基础上，考察了城市规模和空间结构对城市土地利用效率的影响。区域经济学、城市经济学研究中通常采用人口数或就业人数来测度城市规模（Au and Henderson，2006；Chen and Zhou，2017；梁婧 等，2015；孙祥栋 等，2015）。有关城市空间结构特征的研究主要包括两个方面：一是基于集聚-分散、单中心-多中心等维度对人口和经济活动的空间分布状况进行分析；二是基于单一-混合、完整-破碎等维度对土地利用结构和景观格局进行分析。①在人口和经济活动的空间分布状况方面，学者们通常采用空间基尼系数、区位系数、Delta 指数等指标测度集聚程度（Dadashpoor and Ali-dadi，2017；Monkkonen et al.，2020）。孙铁山（2016）的研究发现，2005年以后长三角城市群的空间集聚水平开始明显下降，而珠三角城市群和京津冀城市群的集聚水平则相对稳定。研究者主要运用位序–规模回归法、赫希曼–赫芬达尔指数和首位度指数等方法和指标测度多中心化程度（李琬 等，2018；丁如曦 等，2020；姚常成、吴康，2020）。Hajrasouliha 和 Hamidi（2017）的研究表明，在美国的大都市统计区中，多中心结构是更为常见的空间结构。②在土地利用结构和景观格局方面，学者们通常采用熵指数、丰富度指数、香农多样性指数等指标分析土地利用多样性水平，主要运用蔓延度指数、斑块个数、斑块密度等指标分析土地利用景观破碎化程度（Reis et al.，2016）。

国内外研究者从集聚正、负外部性和净集聚效应的视角出发，就城市规模对城市内部资源利用效率的影响进行了理论探讨和实证分析。在集聚正外部性方面，研究者指出人口和经济活动的集聚有利于促进基础设施、生产设施的分享使用（Meijers and Burger，2010；梁婧 等，2015），并使得企业能够分享中间投入品供应商（Duranton and Puga，2004；余壮雄、杨扬，2014），从而因规模经济而降低成本、增加产出和提高资源利用效率。在集聚负外部性方面，研究发现集聚负外部性存在多种表现形式，会增加生产成本并降低资源利用效率（Brinkman，2016；王俊、李佐军，2014；孙久文 等，2015；孙祥栋 等，2015）。与中小城市相比，大城市的土地和劳动力成本、环境污染水平通常更高（李晓萍 等，2015）。生产要素和产品的运输成本、劳动者的通勤成本均随着城市规模的扩大而增加（Black and Henderson，1999）。在净集聚效应方面，研究发现在城市发展初期，资源利用效率通常随着城市规模的增大而增加（Melo et al.，2009；Combes，2012）。然而，当城市规模达到一定水平时，集聚正外部性呈现边际递减。这是由于集聚正外部性通常随距离的增加而快速减弱（Rice et al.，2006），而在城市规模扩张过程中城市边缘逐渐远离城市中心。与此相反，研究者指出集聚负外部性随着城市规模的扩大而逐渐显现，并可能超过集聚正外部性（Chen and Zhou，2017）。

关于各类城市空间结构特征对资源利用效率的影响，实证研究中并未形成统一的结论，这一方面与研究者的研究角度不同、所采用测度指标不同有关（Veneri and Burgalassi，2012；Wang et al.，2019），另一方面也表明空间结构对资源利用效率的影响可能是非线性的（取决于其他相关因素）。多中心化程度对资源利用效率的影响是研究者重点关注的一个领域。支持城市多中心化发展的学者指出，随着信息和通信技术的发展、运输和通勤成本的降低，多个城市中心之间能够实现有效的互动、合作（Meijers and Burger，2010；孙斌栋、丁嵩，2017），共享基础设施和劳动力储备等（Parr，2004），实现 Alonso（1973）所提出的"规模借用（borrowed size）"，促进资源利用效率的改善。多中心化程度较高的城市的土地、劳动力等要素成本相对较低（Meijers and Burge，2010；孙斌栋 等，2015），职住均衡程度较高、通勤成本较低（Meijers and Burger，2010；Wang et al.，2019），与通勤相关的污染排放也较少（Veneri and Burgalassi，2012；阎宏、孙斌栋，2015）。然而，另一些学者则指出，集聚正外部性随着距离的增加而递减（Melo et al.，2017；刘修岩 等，2017），尤其是知识和技能溢出、创新活动等对空间邻近性的要求更高（Parr，2004），而多中心化程度的提高则会降低空间邻近性。在城市规模一定的情况下，多中心化程度的提高会降低城市主中心的人口集聚规模，可能使城市面临缺少高等级基础设施和商业服务设施等问题（Meijers，2008；Burger and Meijers，2012）。此外，在缺乏统一规划协调的情况下，多个城市中心之间可能形成竞争而非合作关系（Parr，2004），造成低水平重复建设等问题，不利于资源利用效率的改善。

国内外研究者结合城市空间治理理论和实践，对城市规模和空间结构的优化策略进行了探讨。Au 和 Henderson（2006）指出，不同产业结构、功能定位的城市具有不同的最优城市规模，因而应根据城市特征有针对性地制定城市规模调控措施。Capello 和 Camagni（2000）针对 58 个意大利城市的实证研究表明，某一城市与其所处城市体系中其他城市的联系程度、互动合作程度是"有效城市规模"的重要决定因素，因而应通过强化城市间协作机制和基础设施连通性来拓展城市增长潜力。Chen 和 Zhou（2017）的研究表明大多数中国城市的规模偏小，因而他们建议应放松包括户籍制度在内的劳动力流动限制，促进人口集聚水平的提高。Parr（2004）指出，城市内部各城市中心间高效合作互动关系的建立取决于两方面的前提条件：一是除交通网络联结外，各城市中心需要形成对所处城市的统一的认同感（包括制度、社会、文化等方面）；二是市级政府具有足够的能力有效推动各城市中心之间的实质合作。孙斌栋和丁嵩（2017）指出，为避免使城市次中心处于主中心的"集聚阴影"之下，应在城市规划中安排两者保持适当的距离，同时应通过构建一体化的交通体系，促进职住均衡的实现。李婉等（2018）的研究表明，中国市域空间结构形成主要受政府干预的影响，而政府干预政策往往是多目标的甚至是自相矛盾的，未来应优化政府干预政策，发挥好"看得见的手"的作用。

三、城市间网络联系研究

近年来的国内外文献，多从"流动空间"视角对城市之间的网络联系进行研究，采用交通流、信息流等不同类型的城市间关联数据来研究各个城市之间的网络联系。

1. 交通网络联系

交通网络联系强度是表征基础设施联通能力的重要指标，国内外学者对其进行了较为深入的研究，相关研究主要聚焦于铁路、公路和航空网络。铁路和公路网络联系方面，郭嵘等（2020）基于交通流对黑龙江省进行了网络特征研究，发现城市间等级差异巨大，城市职能差异显著，北部城市资源流失严重。程利莎等（2017）对哈长城市群 11 个地级市的研究表明，哈长城市群的公路客运联系主要呈现出以哈尔滨、长春为双中心向外辐射的联系轴线分布格局，在空间上表现为多边形状的联系。赵映慧等（2017）对中国三大城市群的研究表明，京津冀城市群的高铁网络联系最为紧密，长三角城市群，珠三角城市群的高铁网络联系则相对松散。孙阳（2017）对长三角城市群的交通流网络特征的研究表明长三角城市群的 16 个核心城市的空间流特征呈现三角形网络结构，三个顶角分别为沪宁杭三大核心城市，区域间联系强度以"沪—宁""沪—杭"沿线向两侧递减。朱桃杏（2020）采用了空间句法模型，选取京津冀城市群间的各铁路线路及交通节点作为研究对象，构造了铁路网络架构，对京津冀城市群的铁路网络分布结构进行了分析，发现了铁路网络中城市的中心性水平与城市本身的经济发展水平类似。吴威（2021）基于铁路网络格局，对铁路网络中的各个城市及连接的线路采用了综合分析，发现了我国铁路网络的各个节点分布呈"核心-边缘"结构。刘承良（2021）借助中心性理论，结合社会网络分析方法，通过点度中心度等指标来反映我国城市的铁路网络分布结构，研究结果表明我国的铁路网络分布结构正在从"核心-边缘"结构逐渐向多中心结构转变发展。孟德友（2021）选取我国东北地区为研究区域，研究我国东北地区的铁路网络分布格局，发现我国东北地区的铁路网络呈现出"单中心+双腹地城市+周边城市"的格局。

航空网络联系方面，金凤君（2020）选取了全国范围内的处于关键枢纽位置的核心机场进行航空网络的构建。孙伟增（2022）选取了航空网络运输这一角度，对城市网络体系进行了研究，选取航空网络中各班机的客运总量和航空班次数作为研究数据，发现航空网络格局对我国整体的城市网络格局有一定的影响。宋伟（2020）等人也选取了航空网络作为研究中国城市网络整体分布格局的切入点，结合整体航线与航空客运量分析了中国航空网络的分布格局，进一步探究了中国城市网络的整体分布情况。王娇娥（2021）利用航线与机场分布数据，借助复杂网络分析法分析了中国航空网络的分布格局，发现中国的航空网络逐渐发展成为无标度网络，同时航空网络的节点等级与城市经济发展状况和政治地位有一定的关联。

2. 信息网络联系

熊丽芳（2019）利用百度指数，选取不同城市对于其他城市的搜索量作为信息网络矩阵中的出度和入度，并以此表征城市间信息网络的联系强度，进而研究各城市信息网络的时空演变格局，发现信息网络的发展状况与城市的经济发展水平有较大关联。李卓伟等（2020）对辽西走廊中的城市的网络联系进行了分析，选取了百度指数作为研究指标，发现在信息流层面，整个研究区域呈现出以北京为中心，沈阳、天津、大连、秦皇岛和石家庄为副中心的"一主五副"的多中心分散化网络结构。蒋大亮等（2021）也通过选取百度指数对省级城市以及城市群进行了信息网络分布格局的研究。除了利用百度指数的研究外，赵映慧（2020）选取了 QQ 群的数据，将 QQ 群中的群成员分布情况作为反映信息网络节点度的数据，对各城市的信息网络分布结构进行了分析。陈映雪（2021）则利用微博数据，将现实的地理空间与虚拟的信息网络空间相结合，发现中国城市的信息网络格局呈现出了"多核心+周边城市"的分布格局。

3. 综合网络联系

王少剑等（2019）基于多重流空间视角对珠三角城市群的空间结构进行了研究，发现广州是珠三角的绝对核心，珠三角城市群网络结构尚不成熟。邱坚坚等（2019）基于信息流和交通流对粤港澳大湾区的网络结构进行了对比分析，发现在交通流层面，大湾区形成了以广州、深圳为双核心的内部网络联系结构。在信息流层面，大湾区内部信息传输与通信联系在珠江口沿岸高度集中。马丽亚等（2019）选取了交通流、信息流和企业流这三大网络体系进行研究，将东北地区的网络结构大致划分为了四种不同的格局。戴靓等（2020）基于合作发表论文数据的研究表明，长三角城市群的企业和知识网络呈现出"一主一副两从+腹地城市"的强等级性组织模式，但网络密度相对较低。

4. 网络联系的影响效应研究

既有文献基于城市层间数据，对交通网络联系的影响效应进行了实证分析，主要聚焦于交通网络联系对经济增长、市场一体化、土地集约利用、创新等方面的影响。李煜伟和倪鹏飞（2013）的研究发现，运输网络的改善会使得城市间的要素集聚度提升，降低非中心城市间的运输成本，提高了土地利用率、产业集聚程度及资源配置的合理化程度。汪锋等（2020）利用2010—2016 年 285 个地级及以上城市的面板数据，探究了高铁开通与城市间经济发展的定量关系并进行了异质性化分析，发现高铁的开通通过提高城市间的交通运输效率显著提升了城市的经济发展水平，开通高铁是拉动欠发达城市迅速发展的重要手段。何凌云、陶东杰（2020）研究了高铁开通对节点城市及非节点城市的知识溢出与城市创新水平的影响，发现高铁开通显著提高了高铁沿线非节点城市的创新水平，同时也证明了高铁开通具有显著的知识溢出效应。赵哲等（2020）选取京津冀城市群为研究对象，考察了交通路网的空间外溢性对于城市土地利用程度的影响，以交通路网作为空间影响的介质，发现产业结构、固定资产投资和人均社会消费品零售总额对土地集约利用存在着显著影响和空间外溢效应。吴昊等（2021）以京广高铁为例，考虑高铁沿线城市的旅游业与高铁网络之间的关系，研究发现高铁网络密度的提升提高了周边城市的交通可达性，推动了周边城市旅游业的蓬勃发展。李兰冰、张聪聪（2022）研究了高速和公路的连通性对区域市场一体化的影响并进行了异质性分析，发现高速公路的联通显著促进了城市间的市场一体化水平的提高，同时这类促进作用因为地理分割、行政分割等因素而有所不同。除了以交通网络为研究对象的研究外，也有一些研究聚焦于信息网络、创新网络等其他类型的网络，考察了网络联系强度变化的影响效应。孙中瑞等（2021）基于中国科学院的专利数据，研究了科研机构合作网络的演化特征对创新绩效的影响，发现在 1985—2019 年间，中科院的专利总数及合作专利数都在高速发展，与网络联系强度相关的几个中心度变量均与其创新绩效呈现出倒"U"形关系。

通过对既有研究的梳理可以发现，在研究城市间网络联系的文献中，多数学者更倾向于聚焦某单一要素流进行研究，较少文献将多元要素流同时纳入研究中进行对比分析。其中，高铁网络是学者们分析较多的一大要素流，现有的文献很多都选取了高铁网络联系作为自变量进行实证研究，通过不同视角探究高铁网络联系对各类社会经济要素的影响，但少有文献能涉及空间层面，相关研究的深入性还须进一步提升。对于其他类型网络联系（例如信息网络、知识网络等）影响效应的研究则有所欠缺，网络联系影响效应的相关文献的全面性和综合性尚须进一步提升。

四、区域市场一体化研究

有关区域市场一体化的研究主要聚焦于区域市场一体化的测度方法、影响因素和经济效应等方面。

1. 区域市场一体化的测度方法

市场包含商品市场和要素市场，本研究聚焦商品市场，测度长三角区域市场一体化水平。在市场一体化研究中，通常将市场分割指数作为市场一体化的负向指标反向反映市场一体化程度。商品市场分割的本质是区域间存在商品贸易壁垒，限制商品在城市间自由流动，这阻碍了商品市场的联系和交流，通过量化区域范围内商品市场之间的联系程度即可反映商品市场分割程度，作为商品市场一体化水平的负向指标。区域内商品市场的联系可以通过区域间生产结构的相似性、商品贸易往来和商品相对价格变动来表示，因此，目前关于商品市场分割指数的测度方法主要包括生产法、贸易流量法和价格指数法。

（1）生产法

生产法是国内学者最早采用的测度国内区域市场一体化水平的方法，主要有两种做法。第一种是依据地方专业化分工情况反映地区产业结构趋同水平，以此来测度区域市场非一体化水平，21世纪初得到了广泛应用。Young（2000）利用专业化指数研究中国制造业的产出结构，发现中国产业结构相似，具有趋同趋势，并得出市场分割加剧的结论。第二种是根据生产中要素投入产出效率以及形成的产业结构、经济结构等测度市场一体化水平，运用了以果推因的逻辑方式，技术效率越高、产业分工越合理，则区域市场一体化水平就越高（林志鹏，2013）。郑毓盛和李崇高（2003）基于生产前沿函数，将产出效率分解为三部分：产出结构效率、省域内技术效率和省际资源配置效率，研究发现省域内技术效率已经得到提升，产业结构错位与资源错配才是中国效率损失的主要原因，而这正是市场分割带来的后果。

（2）贸易流量法

贸易流量法是根据贸易双方交易流量的动态演变过程来评估市场整合程度的方法，在采用贸易流量法的众多学者看来，地区间的贸易流量可以直接反映区域市场一体化程度，贸易流量越大，意味着区域市场一体化水平越高。Naughton（1999）分别选取1987年、1992年中国省域工业品贸易流量数据，通过对比研究，发现中国商品市场一体化水平在上升。行伟波和李善同（2009）构建边际效应模型，得出了类似结论。Poncet（2002）也基于贸易流量法，以1997年为研究期，估计各省的国内市场边界和国际市场边界，结果却与Naughton的结论相反，认为国内市场呈非一体化趋势。然而，由于中国各省之间贸易流量缺乏准确的统计数据，因此，贸易流量法在衡量商品市场分割程度上存在一定缺陷。

（3）相对价格法

价格是调节市场，使市场机制正常运转的核心要素，地区间资源流通成本越低，相同产品的价格越接近，区域市场一体化水平越高。相对价格法基于区域间商品的相对价格差异来衡量市场分割程度，广泛应用于商品市场分割指数测度。相对价格法以"冰山成本"模型为基础，认为由于区域间运输成本、制度性障碍等的存在，使商品在运输中会损失部分价值，这就像冰山融化过程一样，所以同一商品的价格在不同城市不会绝对相等。当区域间不存在市场壁垒时，商品和生产要素能够自由流动，各地间相同产品价格趋同，因此可以通过各类商品价格的波动情况来衡量市场分割趋势。Young（2000）认为仅根据区域间产品绝对价格变化的幅度衡量市场分割程度，并忽视可能存在的异方差问题，具有一定的局限性，这一做法的科学性有待进一步地评估。在此基础上，Parsley 和 Wei（2001）表示，可以通过区域间各种商品的相对价格方差衡量区域间市场一体化水平。随后，不少学者借鉴 Parsley 和 Wei 的这一做法，分别用"价格方差"倒数、倒数的平方根作为中国省域市场一体化的测度值（柯善咨、郭素梅，2010；盛斌、毛其淋，2011）。

2. 区域市场一体化的影响因素

区域市场一体化的形成是一个复杂的过程，其不仅与生产活动所需的条件有关，还与制度、文化等因素相关。现有研究主要从经济因素、制度因素和交通因素等方面对中国国内的市场一体化影响因素进行分析与评价，并且取得了丰硕的研究成果。

（1）经济因素

从现有研究成果来看，产业集聚（范剑勇 等，2004；Combes，2008）、金融发展程度（张丽亚，2009）、科技水平（陆铭 等，2004）及对外开放水平（陈敏 等，2008；陆铭、陈钊，2009；张海军、张志明，2020）等相关经济因素与区域市场一体化水平具有紧密联系。Combes（2008）认为整合大市场能降低交易成本，因此为了获得成本节约，企业选择在地理空间上集聚，促使市场一体化程度提高。同样，产业集聚也会吸引更多生产要素突破分割市场壁垒，形成市场一体化的内在动力。许多学者通过研究，发现对外开放会影响中国内部市场一体化水平。一种观点认为，对外开放与国内市场一体化存在替代关系，对外开放程度的提高会使地方政府强化行政边界，进一步加剧区域市场非一体化（黄玖立、李坤望，2006；盛斌、毛其淋，2011）；另一种观点则认为对外开放与市场分割存在非线性关系，开放水平较低时，对外开放会加剧市场分割程度，开放水平较高时，经济开放则起到促进区域一体化的作用（陈敏 等，2008）。也有研究发现，当国外商品对称地进入两个城市时，在两个城市的定价会逐渐趋同，这意味着进口贸易自由有利于国内市场一体化的推进（Li et al.，2018）。冯笑和王永进（2022）基于贸易开放的不同环节，分别研究了对市场分割的影响，发现下游贸易开放对市场分割具有显著负向影响，而中间品和最终品贸易开放无显著影响。

（2）制度因素

一部分学者认为，行政性分权是中国市场分割的根源。政府作为制度的供给方，通过设置贸易壁垒干预区域间生产贸易，导致制度性交易成本抬高，一定程度上限制了外来商品的进入，阻碍了贸易的深度交流，显著抑制区域市场一体化进程（Young，2000；银温泉、才婉茹，2001；周黎安，2004；陈敏 等，2008）。另外一部分学者认为，政治晋升、考核机制能够影响市场分割。短期来看，地方政府官员为了政治晋升最大化选择地方市场分割（刘瑞明，2007），但从长期来看，地方官员选择地方市场分割还是区域一体化因条件而异（徐现祥 等，2007），中央可以通过转换政绩考核方式来提高市场整合程度，进而促进统一大市场的形成（皮建才，2008）。还有一部分学者的研究视角较为独特，提供了新颖的思路。研究发现，国有化程度较高的产业市场分割情况更为严重（白重恩 等，2004；刘瑞明，2012；王健康，2018），且在现实情况中，正向规模效应难以超越地方保护主义的负面影响。

（3）交通基础设施因素

交通基础设施的差异导致运输成本的不同，运输过程中所需的成本越高，其对商品及要素的流通阻碍作用越大，市场分割情况也就越严重。大量研究表明，交通基础设施的建设有效降低了贸易成本，提高了市场可达性，显著地加快了市场一体化进程（Andrabi et al.，2009；张杰，2010；刘生龙、胡鞍钢，2011；范欣 等，2017），并有助于规模效应的发挥。而且，运输成本下降会激发激烈的市场竞争，使得资源在产业内与产业间重新配置，低效率企业退出市场，有限的资源流入高效率产业与企业（石林 等，2018；刘冲 等，2020；董洪超、蒋伏心，2020），这样的市场一体化是高质量一体化。李兰冰和张聪聪（2022）基于"相邻城市对"基准空间尺度，构建了交通基础设施连通性特征的研究范式，结果表明，高速公路连通能有效提升市场接入水平，进而作用于城市间的市场一体化。

3. 区域市场一体化与土地利用效率的关系研究

现有文献就区域市场一体化和城市土地利用效率关系的直接研究较少，研究者多是将市场一体化作为区域一体化的一部分，纳入两者关系研究中。区域一体化与城市土地利用效率的关系研究主要有三个方面。第一，以区域一体化为大背景，设计效率测度体系、分析效率演化特征等，初步将两者联系了起来。如卢新海等（2018b）在区域一体化背景下，构建"规模+结构+集聚"测度指标体系，测度了长江中游城市群的城市土地利用效率。陈丹玲等（2018）同样使用长江中游城市群的数据，在这一背景下测度城市土地利用效率，并对其空间关联影响因素进行识别，发现投资消费结构、产业结构的相似以及地理位置的空间邻近是其空间关联的主要成因。第二，研究两者的耦合关系和交互影响。如杨君（2019）在理论层面揭示了两者间的耦合机制，并以长江中游城市群为例，探讨了一体化与效率耦合关系的时空演变特征及协调发展路径。杨清可等（2021）在协同机理分析基础上，运用面板VAR模型探究两者间的交互响应机制。第三，研究区域一体化对城市土地利用效率的影响。如陈丹玲（2021）运用双重差分模型，以实施区域一体化的城市为实验组，以未实施区域一体化的城市为对照组，检验一体化对绿色土地利用效率的影响，发现一体化城市的绿色效率比非一体化城市高 0.124 个单位。Zhao 等（2021）从城市规模角度出发，认为不同规模的城市对要素的吸引力不同，使得区域要素流动呈现单向性，而区域一体化加强了区域因素的单向流动，从而对不同城市的城市效用产生不同的影响。

根据前文的文献梳理可以看出，理论界对区域市场一体化的相关研究形成了丰富的研究成果。国内外学者分别对区域市场一体化的内涵进行了阐述；研究尺度从一个国家内部小区域到国家与国家之间均有涉及；多采用相对价格法、贸易流量法和生产法测度区域市场一体化水平；区域市场一体化水平通常与经济、制度、交通基础设施等因素有关。尽管这些丰富的研究成果对本书的研究具有理论指导意义，但鲜有文献专门研究区域市场一体化对城市土地利用效率的影响。具体而言，既有研究的缺陷主要体现在如下几个方面。第一，推动区域市场一体化难度大、任务艰巨，并且其形成过程对城市土地利用具有多重影响。因此，必须梳理两者间的作用机理，从理论层面构建分析框架，而相关理论研究还较为匮乏。第二，已有研究多是将区域市场一体化作为宏观大背景，在这一背景下设计特定城市群的城市土地利用效率测度体系，虽然这在一定程度上反映了学者开始关注区域一体化进程中的城市土地利用情况，但本质上仍是研究两者间关系的间接方式，并不能深入揭示区域市场一体化对城市土地利用效率的影响效应及可能的影响渠道，而这在深入推进长三角区域一体化的当下是尤为重要的。第三，已有研究在计算商品市场分割指数时只考虑了相邻城市，但市场分割不仅存在于地理位置相邻的城市间，不相邻城市间也可能存在贸易壁垒。所以，在度量市场分割指数时除了考虑相邻城市，也要考虑不相邻的城市。既有研究主要基于线性思维方式分析区域市场一体化对城市土地利用效率的影响，忽略了两者之间的关系可能与城市经济发展水平紧密相关。一方面，生产要素在区域内不同城市之间的配置状况会随着区域市场一体化程度的变化而变化。由于区域内相对发达城市的产业发展水平较高、基础设施状况较好，因而通常其要素价格水平更高、对要素的吸引力更强。区域市场一体化程度的提高会促进资源要素进一步向发达城市集聚，进而产生极化效应。另一方面，区域市场一体化程度的提高能够促进知识溢出、技术传播，这种扩散效应有利于区域内相对落后城市土地利用效率的提升。极化效应和扩散效应的权衡决定了区域市场一体化程度提升的边际效应在不同发展水平城市的差异。深入探讨区域市场一体化对城市土地利用效率的非线性影响机理，对于促进不同发展水平城市土地利用效率的协同提升，具有重要意义。

五、城市群空间结构研究

目前，学者关于城市群空间结构的研究主要集中在城市群空间结构的规律和演化特征、城市群空间结构的测度、城市群空间结构的绩效等方面。

1. 城市群空间结构的测度

城市空间结构有集聚–分散、单中心–多中心、形态–功能、蔓延–紧凑等多种不同维度的区分，现在研究对城市群空间结构主要从单中心–多中心维度对城市群的形态、功能等方面进行测度。在测度方法上，根据指标测度的侧重点不同可分为两类。第一类主要以城市的规模和区位分布为主要研究，偏重从形态进行测度，多运用位序–规模回归法、赫芬达尔指数、首位度指数等方法进行测度。苗洪亮等人（2016）从集中–分散、单中心–多中心维度运用首位度指数、位序规模法则等方法对1994—2013年的中国十大城市群进行了研究。黄研妮等人（2017）运用帕累托指数、mono 指数和首位度三个指标对2007—2014年中国有代表性的十大城市群从单中心–多中心的角度进行了研究。向家康（2022）从人口角度运用调整的赫芬达尔指数对我国城市群的多中心空间结构进行了研究。国外学者还利用群论双傅里叶谱分析的方法分析城市群空间结构。在影响因素上，主要围绕区位、人口、知识溢出强度、产业集聚、政策因素等方面开展研究。

第二类是基于"流空间"数据，偏重从功能进行测度，主要有两种测算方法：一种是从城市网络视角使用社会网络分析法，通过计算功能的点度、中心度和网络密度对功能的单中心–多中心维度的测度；二是关注不同功能之间的连通性，使用人流、物流、信息流或通勤流等大数据来对联系的强度、对称性和结构三个维度进行定量测度。李响、严广乐（2012）运用社会网络分析法和城市引力模型对长三角城市群网络进行了研究，研究发现长三角城市群多中心网络协同发展格局已初步形成。孙阳（2017）基于公路运输、火车客运及百度指数对长三角城市群"空间流"网络结构特征进行了综合分析，研究发现长三角城市群城市网络联系不均衡，主要呈现以上海、南京、杭州等城市为多中心的协调网络发展格局。

2. 城市群空间结构的分布规律和演化特征

在城市群空间结构的分布规律和演化特征方面，国外研究较少直接涉及，主要围绕城市体系和城市规模分布在空间演化方面的研究，此类研究都倾向于在城市体系里的不同等级规模的城市中寻找或证明是否存在一种最优的空间规模结构。Zipf（1949）发现美国的城市规模分布体系符合 Pareto 分布规律，且指数数值为 1，即"Zipf 法则"，也就是"位序-规模法则"。而后围绕此规律和法则，城市经济学学者们对不同国家或全球的城市空间结构开展了进一步的探究。Eaton 和 Eckstein（1997）对法国和日本的城市空间分布进行了研究，发现整体的空间结构没有发生较大的变化，空间结构基本稳定。Dobkins 和 Ioannides（1999）对 1900—1990 年美国的城市空间进行了研究，发现整体的城市空间演化呈现平行增长的特征。总地来说，国外学者对于城市体系规模分布是否存在最优的空间规模结构还没有完整的解释和存在性证明。

关于中国城市空间结构的演化特征分析，目前主要有以下三种观点：一是中国城市空间结构正呈现由单中心向多中心结构演变的发展过程；二是存在以"一市独大"的单中心城市空间结构且单中心逐渐强化的特点；三是中国城市空间结构具有明显的区域差异性特点。田超（2015）利用 2000—2012 年中国各省份的面板数据，对地区差距和首位城市规模的关系进行了实证分析，研究发现首位城市规模的增加会拉大省域内部地区之间的差距。黄研妮等人（2017）运用帕累托指数、mono 指数和首位度三个指标对 2007—2014 年中国有代表性的十大城市群进行了研究，研究发现东部地区的部分城市群近似服从 Zipf 法则，中部地区中原城市群由弱多中心向弱单中心结构演变。孙斌栋等人（2017）对 13 个城市群的空间结构演化趋势进行了实证研究，研究发现中国城市群空间结构在 1980 年以来就呈现多中心化的趋势。孙斌栋等人（2019）采用中国 13 个城市群的铁路客运班次数据从功能联系角度对城市群空间结构演变进行了研究，研究发现城市群空间结构在整体上呈现单中心化趋势，但地区差异化明显，部分城市群表现出多中心化特征，且城市群空间结构的多中心化程度随着经济发展水平的提高表现为单中心向多中心的演变过程。李书婷（2023）通过综合运用夜间灯光数据和城市经济统计数据构建 2000—2020 年可比较的长时序面板数据集，来分析中国城市群的时空演变特征，研究发现中国城市群空间结构具有一定黏性，但也呈现出普遍明显的多中心化趋势。周韩梅等人（2023）研究发现在时间差异上，2014 年前所研究的八大城市群空间结构趋于稳定结构，2014 年后部分城市群趋于单中心的空间结构；区域差异上，东部和中部地区城市群空间结构相对偏向于多中心结构，西部地区城市群空间结构更偏向于单中心结构；而城市群空间结构的演变主要受自然地理因素、社会经济因素、政府干预、地区差异和城市群内部差距等因素的影响。刘培贤（2023）构建了中国 2007-2020 年 19 个城市群的面板数据，从形态方面对城市群空间结构指数进行测度，研究发现，中国城市群空间结构在整体上表现为以多中心为主导的特征，并呈现向多中心模式转变的趋势。

3. 城市群空间结构绩效研究

在城市群空间结构的绩效研究方面，主要聚焦于经济效应、社会效应、环境效应三个方面展开研究。

（1）城市群空间结构的经济效应

目前，对于多中心和单中心两种城市群空间结构发展模式，究竟哪种模式更有利于促进城市群经济的增长，并未有明确的研究结论。通过梳理总结，主要存在三种观点。第一种观点认为单中心的空间结构更有利于经济效率的提升，持有这一关观点的学者多从集聚经济或规模经济角度进行分析，认为单中心发展模式下的城市群的集聚效应更高，而多中心发展模式会导致生产要素分散，可能会产生更高的交通运输成本和更低的通勤效率，使得发展过程中的规模经济效益得到削减。张浩然等人（2012）考察了 2000—2009 年中国十大城市群空间结构对经济绩效的影响，研究表明控制了城市群规模、产业结构、基础设施及外商直接投资等影响因素后，单中心结构对全要素生产率具有显著的促进作用，且这种作用在城市群规模较小时尤为明显。李金锴等人（2022）从市域层面研究发现单中心空间结构有利于实现城市均衡发展。第二种观点与之相反，认为城市群的多中心发展模式更有利于经济绩效的发展，持有这一观点的学者大多认为单中心程度提高的同时会使得资源要素过度集中在一个中心城市，导致拥挤效应（负外部性）会超过集聚效应（正外部性），出现土地和劳动力要素的激烈竞争、交通拥挤、环境污染及高犯罪率等问题。而多中心发展模式下既可以获取规模互借效应，又不会损失规模集聚效应，且更容易实现扩散效应。苗洪亮等（2016）基于集中分散和单中心-多中心两个空间结构维度进行了研究，研究发现空间结构上具有明显的多中心特性的城市群表现出了更高的经济效率。石敏俊等人（2023）研究发现从整体上进行城市群多中心化有利于制造业企业 TFP（total factor productivity）提升。第三种观点则认为城市群空间结构与经济增长之间存在非线性关系。童玉芬（2023）对 19 个城市群进行研究，发现人口空间集聚对城市群经济增长表现为非线性的"倒 U 形"关系。石敏俊（2023）对城市群空间结构演变与微观企业绩效之间的非线性影响进行了检验，研究发现城市群空间结构与微观企业绩效之间存在单一门槛效应，中心城市规模影响两者之间的关系，当中心城市规模低于门槛值时，强调要素集聚的单中心结构有利于企业绩效的提升；在中心城市规模超过门槛值以后，适度疏解并及时形成多中心化结构有助于企业绩效的提升。

（2）城市群空间结构的社会效应

在城市群空间结构的社会效应方面，研究内容主要涉及对区域协调、均衡发展和乡村振兴等方面的影响。李金锴等人（2022）从市域和省域层面探究城市空间结构对城市内部均衡发展的影响，研究发现在市域层面单中心空间结构有利于实现城市的均衡发展，而在省域层面，多中心空间结构能够缩小经济差距、实现均衡发展。汪世豪（2023）基于我国五大城市群的实证分析，研究结果表明城市群多中心空间结构显著促进了区域协调发展，但不同城市群的多中心空间结构对区域协调发展的影响各不相同。宋林等人（2023）使用十大城市群 164 个地级市 2010—2019 年的面板数据探究了城市群多中心发展对群内收入差距的研究，研究结果表明城市群多中心空间结构与地区收入差距呈现显著的先下降后上升的 U 形变化趋势，目前部分城市群扁平化的空间结构抑制了地区收入差距的下降。

（3）城市群空间结构的环境效应

由于经济与环境之间存在紧密的联系，多数学者认同城市群的经济发展会受到空间结构的影响，但环境是否会受到城市群空间结构的影响？学者们分别从雾霾污染、碳排放、能源效率等方面探究其与城市空间结构之间的关系。田成诗等人（2022）通过 2017 年我国地级及以上城市数据实证检验多中心度对城市能源效率的影响，研究表明对于大多数中小城市而言，多中心度的提升能够促进城市的能源效率。刘修岩等人（2022）以中国 21 个城市群为研究对象，从规模、位置及可达性测度城市群多中心空间结构，研究表明城市群多中心空间结构可以缓解经济活动过度集中在单一中心城市而造成的雾霾污染，推动城市群一体化水平的提升能够进一步促进多中心空间结构的减排效应。方丹等人（2023）通过实证探究城市群空间结构对碳排放的影响研究发现，与单中心空间结构相比，城市群多中心发展更有助于降低碳排放强度。

六、国内外研究现状评述

在高质量发展背景下，城市土地利用效率的提升对于促进经济社会发展全面绿色转型、推动经济发展动力转换具有重要意义，而区域一体化因素是城市土地利用效率重要的影响因素。近年来，研究者在区域一体化内涵探讨和区域一体化评价、城市土地利用效率测度和影响因素分析、区域一体化治理等方面进行了大量研究并取得了较为丰硕的成果，对本研究具有重要的借鉴意义。然而，既有研究尚存在着以下几个方面的局限和不足。第一，有关区域一体化对城市土地利用效率的影响渠道和影响机理的研究还较为薄弱。在城市土地利用效率的影响因素方面，关于城市特征属性、制度性因素的研究较为充分，而关于区域一体化因素的研究则较为薄弱。大多数研究者利用双重差分法或测度城市间经济联系强度的引力模型，考察区域一体化对城市土地利用效率的整体影响，有关区域一体化各主要方面对城市土地利用效率的影响渠道和影响机理的研究尚不够深入、细致。第二，有关区域内不同城市土地利用效率的协同提升机理的研究有待深化。既有研究主要关注区域一体化因素对单个城市土地利用效率的影响，但却并未深入剖析区域一体化因素的影响效应在本地城市与周边城市之间、不同特征城市之间的差异性。只有准确揭示区域经济一体化因素的影响效应的异质性、非线性特征，才能够为促进区域内不同城市土地利用效率的协同提升提供足够的科学支撑。第三，关于区域一体化各主要方面的关联耦合及其对土地利用效率影响的研究较为匮乏。既有研究偏重单独考察区域一体化各主要方面的影响效应，而对区域经济一体化各主要方面之间的联系关注不足。例如，交通通达度的提升可以通过促进区域市场一体化对城市土地利用效率产生影响，但鲜有研究对这一影响渠道进行分析检验；同样地，很少有研究探讨市场一体化对产业分工与土地利用效率之间关系的调节效应。

第三节　研究目标与内容

一、研究目标

本研究的总体目标：构建区域一体化影响城市土地利用效率的理论框架，从理论角度剖析交通网络联系、信息网络联系、区域市场一体化对城市土地利用效率的影响渠道和影响机理，考察交通网络联系强度、信息网络联系强度、区域市场一体化程度的时空格局演化特征并实证分析其影响效应，探讨基于区域一体化发展的城市土地利用效率的提升机制。

研究目标具体包括：①在探讨区域一体化内涵的基础上，对其核心内容进行理论识别。基于对基础性影响机制的梳理，构建城市土地利用效率影响因素的理论分析框架。②基于新经济地理学理论、新经济增长理论、新贸易理论等基础理论，从理论角度剖析交通网络联系、信息网络联系、区域市场一体化等区域一体化的主要方面对城市土地利用效率的影响渠道和影响机理。③在时空格局演化特征分析的基础上，实证分析交通网络联系强度、信息网络联系强度、区域市场一体化程度对城市土地利用效率的影响；考察交通网络联系强度对土地利用效率影响的空间溢出效应。④根据实证分析结果，结合区域治理理论和实践，探讨基于区域一体化发展的城市土地利用效率提升路径与政策工具选择及其优化组合；基于尺度理论和新国家空间理论，探讨促进城市土地利用效率协同提升的区域治理尺度重构。

二、研究内容

1. 城市间网络联系对城市土地利用效率的影响机理分析

城市间网络联系对城市土地利用效率的影响机理研究主要包括直接影响机理和间接影响机理。基于区域经济一体化理论，探讨强化城市间网络联系对于拓展集聚效应空间范围的作用，即强化网络联系能高效推动产业分工与合作，促进区域包容性增长，同时能够降低运输成本、减少空间信息摩擦，加快知识和信息传播，进而促进要素流动、知识扩散和技术溢出等，并在此基础上分析网络联系对城市土地利用效率的影响。

2. 区域市场一体化对城市土地利用效率的影响机理分析

基于新贸易理论和新经济增长理论，从市场规模效应、竞争效应、资源配置效应等方面探讨区域市场整合对城市土地利用效率的影响渠道和影响机理。在市场规模效应方面，主要探讨区域市场整合有利于扩大企业潜在市场规模，进而促进土地利用中规模经济实现、土地利用效率提升的作用机理。在竞争效应方面，着重探讨区域市场整合使得企业面临更大范围、更加激烈的市场竞争，进而导致低效用地企业退出市场、高效集约用地企业存活发展方面的作用。在资源配置效应方面，主要探讨区域市场整合有利于促进生产要素跨地区流动、推动各类要素配置到边际产出更高的地区和行业，进而减少要素配置扭曲、促进土地利用效率提升的作用机理。

3. 长三角区域一体化因素与城市土地利用效率的测度及动态演变特征研究

设计城市土地利用效率的评价指标体系，收集长三角各城市列车班次数据、百度指数数据、商品市场零售价格指数和城市土地利用相关数据，测度长三角地级及以上城市的铁路网络联系强度、信息网络联系强度、商品市场分割指数和城市土地利用效率，在测度结果基础上，对长三角内部各城市的铁路网络联系强度、信息网络联系强度、市场分割指数和城市土地利用效率的空间分布格局、动态演进特征等进行深入分析。

4. 城市间网络联系对城市土地利用效率影响的实证分析和检验

在对城市间各类型网络及综合网络进行网络分析的基础上，实证分析城市间网络联系对城市土地利用效率的影响。基于城市间铁路班次、高铁班次和信息交互频率等数据，对城市的铁路、高铁和信息网络进行网络分析。采用联系强度等指标测度各类型网络的网络联系紧密程度。将各类网络的网络联系强度、中心度水平等指标作为解释变量纳入城市土地利用效率的影响因素模型中，通过估计模型分析及检验网络联系强度对城市土地利用效率的影响效应。进一步将网络联系这一变量引入空间计量模型中，研究影响城市土地利用效率的各因素的空间溢出效应。

5. 区域市场一体化对城市土地利用效率的影响研究

基于已有的理论基础，厘清区域市场一体化对城市土地利用效率的作用机制，构建理论分析框架，综合运用非空间面板数据模型和空间面板数据模型，实证检验市场分割对城市土地利用效率的影响效应，并就市场分割对城市土地利用效率的影响渠道进行检验，为提出城市土地利用效率的提升策略提供依据。

6. 城市土地利用效率的提升策略研究

根据长三角城市土地利用效率水平、网络联系强度和区域市场一体化对城市土地利用效率的影响效应与潜在影响渠道实证结果，探讨通过加强网络联系促进资源优化配置和要素有序流动，通过推动区域市场一体化促进市场竞争、形成规模效应，进而促进长三角城市土地利用效率提升。

第四节　研究方法

1. 文献研究法

文献研究法是研究区域一体化对城市土地利用效率影响的主要研究方法之一。基于本研究的研究主题，通过搜集、查阅、梳理、总结相关文献，形成本研究的理论基础。一是梳理区域一体化、城市土地利用效率、区域一体化与城市土地利用效率关系等内容，进行系统综述，主要包括相关的概念内涵、测度指标体系、影响因素等内容，充分把握现有研究成果，并从中发现以往研究存在的不足之处，明确本书的研究方向与研究思路。二是通过梳理与本研究相关的基础理论，如规模经济理论、集聚效应理论、大市场理论等，构建区域一体化影响城市土地利用效率的理论分析框架，为后续的实证研究奠定坚实的基础。

2. 实证分析法

本研究在文献研究基础上，对交通网络联系强度、信息网络联系强度、区域市场一体化程度、城市土地利用效率的现状及时空演变特征等进行了深入分析，继而运用计量模型实证研究交通网络联系、信息网络联系、区域市场一体化对城市土地利用效率的影响效应及影响渠道。具体而言，本书的实证分析方法主要包括以下几种。

①超效率 SBM 模型、社会网络分析方法和相对价格法。采用包含非期望产出的超效率 SBM 模型对城市土地利用效率进行测度，对效率值为 1 的单元进行效率再分解，避免了信息损失。利用社会网络分析方法测度铁路网络联系强度和信息网络联系强度。采用相对价格法对市场分割指数进行测度，反向反映区域市场一体化水平。

②核密度估计法和空间分析法。运用核密度估计法绘制市场分割指数和

城市土地利用效率在 2013—2020 年的核密度曲线，刻画两者在研究期内的时序演变特征。采用 ARCGIS10.7 空间分析工具对市场分割指数和城市土地利用效率的分布格局及空间演变规律进行刻画。

③计量模型法。综合运用非空间面板数据模型和空间面板数据模型实证检验交通网络联系、信息网络联系、区域市场一体化对城市土地利用效率的影响效应及影响渠道。

第五节　研究创新与不足

一、可能的创新

①将区域一体化理论融入城市土地利用效率影响因素的分析框架，丰富土地利用效率研究的理论体系。既有研究主要关注城市自身特征属性和制度性因素对城市土地利用效率的影响，有关区域一体化因素如何影响土地利用效率的研究尚不够充分、深刻。本研究在探讨区域一体化内涵和核心内容、梳理城市土地利用效率基础性影响机制的基础上，揭示铁路网络联系、信息网络联系、区域市场一体化等区域一体化的主要方面对城市土地利用效率的影响渠道和影响机理，有助于丰富土地利用效率研究的研究视角和理论体系，体现了本研究在理论上的特色与创新。

②以空间溢出效应、非线性影响机制为切入点，深入揭示区域范围内不同特征城市土地利用效率的协同提升机理。虽然既有研究探讨了区域一体化对单个城市土地利用效率的影响，但却并未深入剖析区域经济一体化因素的影响效应在本地城市与周边城市之间、不同特征城市之间是否存在差异，使得在制定促进区域内城市土地利用效率整体性提升的策略时缺乏必要的科学支撑。本研究基于空间联动视角探讨铁路网络联系影响的空间溢出效应，基于梯度经济理论揭示区域市场一体化影响的非线性特征，进而深入分析区域

内不同交通禀赋、不同经济发展水平城市土地利用效率的协同提升机理，体现了本项目在研究思路上的特色与创新。

③综合利用属性数据和关系数据，融合多学科方法开展区域一体化各主要方面对城市土地利用效率的影响效应评估和影响渠道检验。既有研究主要利用反映城市特征属性的属性数据，基于双重差分法或引力模型考察区域一体化对城市土地利用效率的影响，研究数据、研究方法较为单一，且无法准确刻画区域一体化背景下的城市间联系。本项目综合利用属性数据和关系数据，融合空间分析方法、计量经济学方法、社会网络分析方法等多学科方法，能够更加准确地评估区域一体化各主要方面对城市土地利用效率的影响效应、更加科学地揭示相关影响渠道和影响机理，体现了本项目在研究方法和研究数据应用上的特色。

④在有关区域市场一体化影响效应的研究中，研究者要么将区域市场一体化作为宏观大背景研究城市土地利用情况，要么研究区域市场一体化与城市土地利用效率的耦合关系，鲜有文献直接研究区域市场一体化对城市土地利用效率的影响。建设全国统一大市场与高效利用城市土地是当前中国社会经济与城市高质量发展的重要议题，本研究直接研究区域市场一体化对城市土地利用效率的影响，厘清两者间的机理分析框架，研究视角较为独特，符合中国构建新发展格局的内在要求，顺应了高质量发展、可持续发展的时代要求。既有研究在测度商品市场分割指数时只考虑了相邻城市，认为商品市场贸易壁垒只存在于相邻城市间，不相邻的城市则不存在贸易壁垒，这显然与现实情况不符，实际上，市场分割不仅存在于地理位置邻近的城市间，不相邻城市间也可能存在贸易壁垒。因而在测度市场分割指数时，本研究既考虑了相邻城市，也考虑了不相邻的城市，有利于提高分析结果的科学性和准确性。

二、不足之处

本研究的研究区域为长三角地区，该地区经济社会发展水平、区域一体化程度均较高，与中西部地区之间在资源禀赋、发展条件等方面均存在着较大的差异，因而本研究所得出的结论和政策启示可能对于京津冀、珠三角等相对发达的城市群具有更为明显的借鉴意义。未来应开展针对不同发展水平的城市群的研究，并注重加强比较分析，从而得出更加全面的结论。由于公路网络数据的获取难度较大，本研究选择铁路网络联系和高铁网络联系作为城市间交通方网络联系的表征，在未来的研究中应加强公路网络联系及其影响效应的研究，尤其应注重考察公路网络联系对市场可达性、产业分工等方面的影响。

限于统一口径商品零售价格分类指数研究数据的可得性，本研究在考察区域市场一体化对城市土地利用效率的影响时将研究基期定为2013年，随着相关研究数据的丰富，在今后的研究中可以拉长研究的时间跨度、扩充样本量，使研究结论更加可靠。此外，区域市场一体化内涵丰富，本书仅选取具有代表性的商品市场来衡量区域市场一体化程度，具有一定的片面性，综合考虑商品市场、要素市场、劳动力市场，更全面地研究区域市场一体化对城市土地利用效率的影响是未来的研究方向。

第二章

区域一体化因素对城市土地利用效率影响的分析框架

本章首先对研究涉及的相关概念进行了界定，并对规模经济理论、集聚效应理论、可持续发展理论等基础理论进行了回顾。在此基础上，从理论层面分析了铁路网络联系和信息网络联系对城市土地利用效率的影响机理，探讨了铁路联系强度对城市土地利用效率影响的空间溢出效应。基于市场规模效应、市场竞争效应、资源配置效应和竞争效应，从理论层面剖析了区域市场一体化对城市土地利用效率的作用机理，并提出区域市场一体化影响城市土地利用效率的潜在影响渠道，为后文的影响效应分析和影响渠道实证检验提供了坚实的理论依据。

第一节　相关概念界定

1. 网络联系

随着全球化发展理念逐步深入各国的经济生活实践，以及信息、交通、通信技术的快速发展，跨地区经济联系的空间和地理条件限制因素被不断弱化，相关研究从关注传统的地理空间向关注更为抽象的"流空间"逐步转型。"流空间"这一理念最初由 Manuel Castells 提出，可将其定义为不必地理邻接即可实现共享时间的空间组织形式（马丽亚，2019）。在现代社会发展中，在不同空间尺度上（城市、区域、国家）的市场主体均参与到以商品要素资源流动为主要形式、以"流空间"为主要载体的经济循环中。基于"流空间"理念，网络联系这一概念逐步为人所熟知。网络联系在本质上就是区域中的各个城市通过劳动力、资本、信息等各类生产要素以及商品的流动，在"流空间"场域内建立起的联系。各类要素的流动使得区域内的各节点城市的社会经济活动不再是相互分离、彼此孤立的，而是相互联系、互为补充的，并由此形成了一个多维度的复杂巨系统。

2. 交通网络

交通网络是个内涵较为丰富的概念，包括了铁路网络、公路网络和航空网络等多个方面。城市间的联系通过铁路、公路等交通基础设施来实现，一条条由航空、铁路、公路编制的走廊成了城市网络的重要连接线，即形成了交通网络。戴特奇等（2005）利用城市铁路客流的历史数据对中国从1990年至2000年的网络结构进行了分析，认为我国的城际铁路客运存在明显的距离衰减规律，三大城市群的结构在不断地演进，影响范围和强度也在增强。铁路网络作为承载了重大运输责任的交通网络之一，同时考虑铁路网络、公路网络和航空网络的数据可获得性，本研究选取铁路网络和高铁网络两大网络体系作为交通网络的代表。

3. 信息网络

随着计算机网络的不断发展和技术的革新，城市间的网络联系更加多样化，而信息网络是网络联系的一种重要形式。相较于交通网络联系，信息网络联系更加便捷和高效，即时性更强，如果说交通网络反映的是城市间基础设施的联通程度，信息网络联系则更多从数字化、信息化这一角度反映城市之间的关联程度。学者们对于信息网络的研究主要都围绕百度、微博、QQ等一系列使用人数较多的网上平台，通过他们的数据来构建虚拟的信息网络进行进一步的分析，进而分析其结构和空间结构等特征。

4. 市场

从狭义上来讲，市场是指商品买卖双方进行商品交换的场所，从广义上来讲，市场不仅指商品交换的场所，还包括交易关系的总和，是买卖双方间交易关系以及由此引出的卖方与卖方之间关系、买方与买方之间关系的总和。在本研究中，市场并不是简单地指交易的场所，更是一种经济运行机制（罗必良 等，2022），它通过价格机制、竞争机制与供求机制等相互作用来表现。市场具有五大功能：经济结合功能、引导功能、调节功能、资源配置功能、施加风险和压力的功能。

5. 市场分割

20 世纪 50 年代中期，美国市场学家 Wendell R. Smith 首次提出了市场分割概念。市场分割是指地方政府出于保护本土企业的目的，采取相应的行政措施，阻碍外地产品进入本地市场的行为（银温泉、才婉如，2001），导致各种商品和生产要素无法在更大范围内自由流动，只能局限于某一封闭小区域（张建华，2017），资源要素的利用效率大打折扣，造成严重的资源浪费、产业同构等一系列问题。本研究认为，市场分割是指地方政府基于地方保护主义，通过设置行政壁垒维护本地利益所采取的行政措施，导致在各地形成分散的小市场，无法实现市场规模的扩充，追求的是短期经济利益，从长远来看这种行为并不理智。

6. 区域市场一体化

与市场分割相对，区域市场一体化就是逐步打破市场分割的过程（徐现祥、李郇，2005；Auer，2006）。以空间范围为依据，区域市场一体化可分为国家间的市场一体化和国家内部某区域的市场一体化。国际层面，荷兰经济学家 Tinbergen（1954）首次提出区域一体化概念，认为其是指国家间通过组建政治经济联盟，签订合作契约，消除各种不利因素，实现经济互通、合作共赢的过程。随后国际层面的内涵不断丰富，形成了经济、政治、市场和文化等单一或综合角度的内涵阐述（Xu and Voon，2003；Kim，2007；Storm，2015；Rekiso，2017）。国家内部层面的区域市场一体化表现为单一城市发展转变为区域内多个城市集群式发展（吴福象，2019），当前城市群、经济带的形成就是一体化的体现。无论是国际层面还是国家内部层面，区域市场一体化在本质上是相同的，都是通过降低交易成本，提高贸易自由度，实现各类商品、生产要素的自由流动与优化配置（李瑞林、骆华松，2007），以实现经济利益的最大化。综上，本研究将区域市场一体化界定为一定区域范围内，以打破市场分割壁垒为前提，以商品市场一体化为核心，以要素市场一体化为本质，以建设统一开放的大市场为目的，促进商品和资本、劳动力、知识等资源要素在区域间的自由流动与优化配置的过程，最终实现区域高质量发展、协同发展等目标。

7. 城市土地利用效率

城市土地利用效率是衡量城市土地利用水平的重要指标，直接影响城市社会经济的发展，同时也是实现城市可持续发展的关键所在。国内外学者从不同角度对城市土地利用效率进行了阐述，丰富了城市土地利用效率的内涵。Stull（1974）从土地产出强度出发，定义城市土地利用效率为单位城市土地上投入要素所产生的经济产出。陈荣（1995）指出城市土地利用效率由两个层次构成，在宏观上表现为土地配置的结构效率，在微观上表现为土地使用边际效率。近年来，随着研究的深入以及国家对绿色发展理念的重视，越来越多的学者逐渐认识到城市土地利用是一个综合过程，从"投入-产出"视角来解释城市土地利用效率（王德起、庞晓庆，2019）。本研究将城市土地利用看作投入产出过程，在考虑期望产出的同时将非期望产出纳入城市土地利用效率评价中。基于投入产出理论，可将城市土地利用效率界定为以获取最高的产出为目标，最大化利用土地的程度。给定其他生产要素的投入量，单位面积城市土地的产出越高，城市土地利用效率也越高。

第二节 理论基础

一、规模经济理论

1980 年，马歇尔在《经济学原理》中首次提出了"规模经济"的概念，并对规模经济问题进行了系统而深入的研究。规模经济，通常指生产规模扩大后经济效益的增加（曲福田、诸培新，2018）。规模经济理论作为经济学的重要理论之一，起源于微观经济学中对企业生产规模变动与收益变化之间关系的研究。随着各种生产要素的增加、生产规模的扩大，企业收益将呈现出三阶段变化：规模报酬递增、规模报酬不变、规模报酬递减。其中，规模报酬递增又称为规模经济，规模报酬递减又称为规模不经济，而规模报酬不变只是规模经济与规模不经济转化过程中的短暂过渡阶段。

当前，规模经济理论早已突破了企业规模与收益变动关系的范畴，扩展到对部门甚至全社会的经济规模与经济收益关系的研究。西方经济学界多用"内部经济"和"外部经济"来区分并阐述某个部门或整个社会的规模经济变化过程。内部经济指某个部门在规模扩大时，由部门自身条件变化所带来的收益增加。外部经济则是指整个社会经济活动的集中与集约化，形成整体经济规模的扩大，给其中单个部门或不同部门之间带来的收益增加（王国平，2019）。区域市场一体化过程中必然伴随着生产要素规模集聚以及由此带来的规模经济的变化，并最终作用于生产活动的物质载体——城市土地。

二、集聚效应理论

集聚经济一般是指社会经济活动及所需的各类要素在地理空间上的集中，带来资源利用效率的提高，并产生成本节约、效用增加（丁生喜，2018）。集聚经济也指空间意义上的规模经济，即区域规模经济。集聚经济表现在两个方面：专业化集聚和多样化集聚。专业化集聚是指同类型行业集聚。同类行业的聚集便于专业化分工协作、加强行业联系，给行业内部的人流、物流、信息沟通方面创造条件，也有利于公平竞争，相互提高技术水平和产品质量。多样化集聚是指不同行业的集聚。不同行业地理集聚过程中，可以形成齐全的产业结构技术与完善的产品结构体系，相互提供原材料和中间产品，缩短运输距离，减少运输费用，节约时间成本，提高经济效益。此外，不同行业集聚还能及时满足消费者对产品的多样化需求，吸引客源，开拓新市场。

区域市场一体化过程中，相同部门或者不同部门在区域内集聚，吸引优质生产要素流向边际产出较高的区域中心，即优质生产要素由边缘城市向中心城市集聚，使得城市功能更加完善，市场多样化供应，产生正向集聚效应，这也会吸引大量人口向中心城市集聚，进一步产生集聚经济。当集聚规模和集聚经济效益达到一定限度后，正向集聚效应开始减弱，过度集聚一方面使得资源得不到充分利用而闲置浪费，另一方面带来环境污染、交通拥堵等"大城市病"，形成负向集聚效应或集聚不经济，此时多余的资源、产业将有序转移或扩散到边缘城市。

三、可持续发展理论

可持续发展理论的形成经历了萌芽、发展、形成和实施四个阶段。20 世纪中期，工业化革命使世界经济快速增长，同时这种"高消耗""高污染"的粗放型土地利用模式也给环境带来了严重的破坏，这促使人类开始反思当前的经济发展模式，将目光投向资源环境的保护。1962 年，美国生物学家 Rachel Carson 在《寂静的春天》中，描写了因过度使用农药和化肥所带来的环境污染、生态破坏景象，敲响了环境问题的警钟，产生了基于环境保护的可持续发展理论的萌芽。1972 年 6 月，联合国召开人类环境会议，113 个国家的政府代表参会，对环境问题进行了研讨商议，并通过了《人类环境宣言》。会议提出了可持续发展问题，呼吁各国政府与人民保护生态环境，造福人类。1987 年，世界环境与发展委员会发表《我们共同的未来》，提出了可持续发展概念：既满足当代人需要，又不危害后代人需要的发展，标志着可持续发展理论的初步形成。20 世纪 90 年代，可持续发展理论从理论层面进入实施阶段。1992 年，联合国召开环境与发展大会，通过《21 世纪议程》，提供了实施可持续发展战略的行动指南。1994 年，中国政府发表《中国 21 世纪议程》，正式选择可持续发展战略，将这种发展理念纳入中国长期发展规划，指引中国可持续发展之路。

可持续发展理念要求人类高效集约地利用资源，为后代人的生存发展提供充足的资源储备。土地作为最重要的资源之一，其能否实现可持续利用，直接关系着可持续发展战略的实施成果，将可持续发展理念融入土地利用过程是新时期中国高质量发展的必然要求，也衍生出了土地可持续利用的思想，强调土地资源的合理开发、利用、治理和保护。随着区域一体化的持续推进，土地可持续利用的重要性日益凸显。土地可持续利用不仅是区域一体化发展战略顺利实施的保障，也是城市土地利用的内在要求，将土地可持续利用理念贯穿于区域市场一体化过程中，契合了区域高质量发展的要求。

四、大市场理论

大市场理论作为区域市场一体化理论的重要内容，是在共同市场理论的基础上提出的，重点阐述了小市场与大市场在经济效益方面的差异。Scitovsky 和 Denian 是大市场理论的代表人物，提出了大市场理论的核心内容：在区域市场一体化之前，各地区基于保护地方利益的目的纷纷采取贸易保护措施，形成了相对狭小、分散、封闭的以行政区划为边界的小市场，但这种小市场规模有限，无法满足企业大规模生产的市场规模需求，进而限制了规模经济效应的发挥；而共同市场的建立可以将分割的各地小市场统一成开放的大市场，有利于开展大批量专业化生产、充分竞争、引进新技术等，进而形成规模经济效应。此外，超大市场规模的形成可以进一步激发规模经济效应、市场竞争效应等，这将给市场中的企业带来重大利好，可以有效降低企业的生产成本与产品定价，商品价格的降低使消费需求增加，促进消费，然后吸引更多的投资向大市场集聚，最终实现大市场范围内经济的良性循环（王璐、王微，2018）。

在大市场理论思想下，企业可以获得规模经济效应和大批量生产效益，且各类生产要素可以在大市场内部自由流动、优化配置。一方面，这有利于生产要素的集中使用，实现规模节约；另一方面，这有利于生产要素自由组合利用，实现最优配置比。总之，生产要素的自由流动可以缓解各地区在生产环节的要素供需矛盾，提高生产要素的利用效率，提高整个区域的经济效益，区域市场一体化将有序地推进。

五、要素流动理论

生产要素广义上是指进行社会生产经营活动所需要的各种社会资源。要素流动理论具有两个层面的意义：在经济发展层面，表现为各类生产要素在空间和地理上的优化配置的过程。在市场扩张层面，表现为质量较高的劳动、资本等生产要素逐步跨越本地要素市场，向其他地区市场流动的过程。在当前经济环境下，生产要素的优化配置与生产要素的流动都是通过市场和贸易来实现的。

要素流动主要可分为区域内部的要素流动与区域间的要素流动这两种方式。由于某一区域内部各城市的经济社会发展状况、自然资源禀赋均存在着差异，因而各类要素在区域内部不可能是均匀分布的，某一区域一定存在着中心、次中心、腹地等不同层级的城市（王海江，2005），生产要素会在不同层级的城市间流动。李艳（2018）发现要素流动能够改善区域内部的资源配置状况，进而推动区域经济发展水平的提高。从区域发展的角度来看，区域内的各类要素为了使自身发挥出最大效用，提高本身的使用效率从而产生了要素流动效应，要素流动推动了区域内部的经济社会发展，同时经济和社会发展又进一步加快了要素流动的速度，形成了互相影响的双向促进作用。所以说区域发展与区域要素流动是相伴而生的。同时，由于区域并不是一个闭合的范围，因而只要区域间存在发展不平衡的现象，就会出现区域间的要素流动现象。区域间的自然和经济发展水平差距越大，区域间的要素流动也就越频繁，区域间的差异也会被进一步放大。

六、外部性理论

根据相关经济学理论可知，当一个理性经济人做出决策时，只会关注其自身的利益是否最大化，不会考虑其他人的利益。然而在现实社会中，人与人之间无时无刻不存在着相互影响、相互联系，某一个经济主体的任何一个决策不仅会对其自身产生影响，也会对周围的人和社会产生正向或是负向的影响，这即是外部性理论的基础概念。

许多学者为推动外部性理论的发展做出了贡献。亚当·斯密（1776）认为每个人都处于市场经济中，在改善自身处境的同时，往往也会促进社会福利的增进。马歇尔（1890）在分析个别厂商和行业经济运行时提出了外部性概念。以土地利用为例，当区域内的某一土地使用者扩大生产规模并产生规模经济效应时，可能为其他土地使用者带来要素采购成本降低、中间产品供应增加、劳动力供给提升等方面的好处，并产生正的外部性。但如果该土地使用者的生产规模持续扩大，则有可能使当地出现生产要素缺乏、污染水平提高、市场饱和度过高等问题，导致一些企业的经营成本提高，并产生负的外部性（诸培新，2018）。

从外部性理论角度来看，网络联系强度的提升带来了各类生产要素、技术的涌入，推动了资源再分配的过程，促进了区域间的要素配置效率的提升、运输成本的降低等，以中心城市为核心带动周边城市的土地利用效率的提升，并产生正的外部性。李煜伟（2013）指出运输网络的改善，使物质和信息的传递速度加快、成本下降，获取了提高城市群的人口密度、土地利用率和产业集聚度以及公共资源配置均衡化的外部性收益。因此，外部性理论可以用来分析网络联系对城市土地利用效率的影响。

第三节　区域一体化因素对城市土地利用效率影响的分析框架

作为经济活动的重要空间组织形式，区域或城市群的主要优势在于其一体化发展模式能够突破行政区划对资源配置、要素流动的限制。通过区域内城市之间的资源优化配置、要素有序流动，可以形成超越单个城市边界的集聚正外部性、缓解因单个城市过度集聚而产生的集聚负外部性。区域空间结构、区域内部网络联系及区域市场一体化是影响其范围内集聚效应形成、土地利用效率提升的关键因素。区域空间结构反映了区域内要素和经济活动的空间分布状况和格局特征，既与基础设施共享、知识溢出等集聚正外部性的形成紧密相关，又直接决定着中心城市交通拥堵、环境恶化等集聚负外部性能否得到有效疏解。区域内部网络联系与城市间运输成本、知识和信息传播速度密切相关，对集聚效应空间范围的拓展具有重要影响。区域市场一体化促进了区域内部资源要素跨城市优化配置，通过市场竞争推动区域内各城市产业结构优化和城市间分工协作格局的形成。本节将对铁路网络联系、信息网络联系、区域市场一体化、区域空间结构影响城市土地利用效率的作用机理进行深入分析，从而构建区域一体化因素对城市土地利用效率影响机理的分析框架。

一、铁路网络联系对土地利用效率的影响机理

1. 铁路网络联系对土地利用效率的直接影响机理

普通铁路网络联系强度的提升有助于降低生产要素和产品的运输成本、商务人员的旅行成本、劳动力的迁移成本，进而促进本地企业生产成本的降低。当生产成本降低、利润提高时，企业有更强的经济激励提高产能利用率、扩大生产规模，从而推动经济产出的增长和土地集约利用水平的提升。交通基础设施状况与市场可达性存在正相关关系（刘冲 等，2020），随着铁路的发展，地区间的要素流动更加便捷，要素流动的目的地更加丰富、多元，区域间形成的市场体系也更加完善。市场可达性的提高直接拉动了地区的经济发展，城市间的贸易交流也逐渐增多，相应的企业生产率也随之提高，直接拉动了城市土地利用效率的提高。随着铁路网络密度的提升，资源要素能够在更广阔的空间范围内进行跨区配置，提高要素市场上的供需匹配效率，降低了市场进入壁垒和匹配交易成本，有利于推动地区要素资源的合理配置，从而促进区域经济高质量一体化发展，直接推动城市土地利用效率的提升。此外，铁路等大型基础设施建设可以提升城市对外部资源的吸引力，进而产生集聚经济效应并促进土地利用效率的提升。

高铁网络联系对城市土地利用效率的直接影响机理在某些方面与普通铁路网络联系对城市土地利用效率的直接影响类似，能够通过提高资源配置效率、缩短运输时间、减少地区间的时空摩擦来直接提升城市的土地利用效率。但由于高铁网络相较于铁路网络在速度上有所提升，高铁网络对城市土地利用效率的直接影响机理与铁路网络也会存在一定的差异。铁路网络联系主要通过推动资源配置效率优化及降低成本等路径来拉动各地区城市土地利用效率的提升，与之相比，高铁网络所具有的集聚和发散特征则更加明显。在高铁网络尚未成型之时，远距离的资源要素跨地区流动可能会由于距离因素而无法实现，区域网络体系中的中心城市即使拥有较高的要素生产率和要素价格，也难以吸引足够多的要素资源由周边城市流入本地。一方面，随着高铁网络密度的逐步提升和要素流动便利性的增强，网络体系中的中心城市可能会对其他地区的要素资源产生更强的吸引力，加速各类要素资源向本地集聚并产生集聚效应，从而促进本城市土地利用效率的提升。另一方面，高铁网络的发展能够促进区域内不同城市之间的交流和合作，推动由中心城市向非中心城市的知识溢出和技术扩散（何凌云 等，2020），使得网络体系中的非中心城市也享受到了来自中心城市的"红利"，并通过高铁发展获得一些自身原本不具备的生产要素（如各类创新要素等），从而促进周边城市土地利用效率的提升。

2. 铁路网络联系对土地利用效率的间接影响机理

铁路网络联系能够通过提升企业的市场需求规模、促进创新产出增长等途径推动城市土地利用效率的提升。城市间铁路网络联系的建立空间可以弱化区际贸易壁垒，使得本地企业以更低的交易成本接触到更为广阔的市场。开拓非本地市场的便利使得企业的市场需求规模得以扩大，并引致生产规模扩张，而大规模生产有助于促进资源的集约化利用、细化生产分工、降低原材料采购成本和产品的分销运输成本，使得企业因平均成本降低、规模报酬递增而获得效率提升。同时，某些先进的节能环保设备、生产技术和工艺只有在生产规模达到一定水平时才能得到充分有效利用，因而需求规模扩大所引致的生产规模扩张可能有助于促进企业污染处理能力和节能水平的提升。创新成果的产生往往需要不同专业背景、具备不同知识技能的研发人员的共同参与和合作，在交流互动中促进知识溢出、激发创新灵感，而铁路联系强化所产生的"时空压缩"效应为本地研发人员与其他城市研发人员进行面对面交流、开展合作研发提供了便利（Dong et al.，2020）。从高技能劳动力配置的角度看，铁路联系强度的提升加速了信息的传播和扩散，降低了作为供给方的高技能劳动力和作为需求方的本地企业的信息搜集成本（吉赟、杨青，2020），能够有效提高创新要素的供需匹配效率、提升创新绩效。创新成果的产出不仅有助于提高本地企业的技术水平，而且有利于提高企业的节能减排水平，进而促进绿色经济效率的提升。

与普通铁路网络相比，高铁在提升城市交通可达性方面的作用更加明显，从而能够更加有力地推动市场需求规模的扩大和创新产出水平的提升，进而促进城市土地利用效率的提升。与普通铁路网络不同的是，高铁网络对产业结构的合理化、高级化也有一定的促进作用（王雨飞 等，2022）。高铁的发展极大地降低了要素资源的流动成本，有助于促进要素跨地区流动、减少要素配置扭曲。由于要素价格是要素流向的重要决定因素，随着要素流动性的增强，各类要素将配置到本城市边际产出更高、能够支付更高要素价格的具有比较优势的行业，从而促进本城市产业结构的优化。产业结构的改善在促进产出增长的同时能够降低资源消耗、减少环境污染，进而推动土地利用效率的提升。高铁的发展有利于促进城市间的创新合作，使得技术密集型的高新技术产业所占比重获得进一步的提升，而这类高新技术产业所带来的经济效益远远大于劳动密集型产业，进而能够拉动城市土地利用效率的提高。高铁网络中的城市往往具有较大的人流量，人员往来的增加有助于推动商贸、物流、住宿、餐饮、旅游等服务业的发展，促进第三产业占比的提升。第三产业企业与第二产业企业相比，往往土地集约利用程度更高，而资源消耗、环境污染排放更少，因而第三产业的发展有助于推动城市土地利用效率的改善。

3. 铁路联系强度对城市土地利用效率影响的空间溢出效应

城市对外铁路联系强度的提升不仅会影响本城市的绿色经济效率，而且会影响邻近城市的绿色经济效率，即产生空间溢出效应。这种空间溢出效应的产生与区域铁路网络运行效率的改善和"要素虹吸"密切相关。①区域铁路网络运行效率。单个城市作为区域交通网络中的节点，其铁路交通的发展会提升整个区域铁路网络的运行效率，从而能够降低周边城市的运输成本、对周边城市的绿色经济效率产生正向影响。②"要素虹吸"。铁路网络中某一城市对外联系强度的提升会改变要素在不同城市之间的配置状况。具体而言，随着对外联系强度的提升，该城市生产要素的边际产出和要素价格会随之增长，进而吸引要素由周边城市流入本地。这种"要素虹吸"在增强本地要素集聚度的同时，却会降低周边城市的要素集聚度。由于集聚产生的规模报酬递增和集聚正外部性是城市绿色经济效率提升的重要源泉，因而"要素虹吸"会对周边城市的绿色经济效率产生负向影响。铁路联系强度提升究竟会产生正向的还是负向的空间溢出效应，取决于区域铁路网络运行效率改善所带来的正向影响，以及"要素虹吸"所带来的负向影响之间的权衡。当前者的影响强度更高时，铁路联系强度提升将产生正向的空间溢出效应；而当后者的影响强度更高时，铁路联系强度提升将产生负向的空间溢出效应。

二、信息网络联系对土地利用效率的影响机理

1. 信息网络联系对土地利用效率的直接影响机理

在企业生产层面，信息网络联系的加强使得企业能够更加便利地获得有关要素质量和价格等方面的市场信息，有效降低市场上供需双方的信息不对称性。随着信息完备程度的提升，企业能够根据市场行情的变化做出更加准确的生产决策，从而促进土地利用效率的提升。在产业结构层面，信息网络联系强度的提升带动了互联网和数字经济相关产业的发展，这些产业通常具

有高附加值、低资源消耗、低污染排放的特征，其产业规模的扩大有助于促进城市土地利用效率的提升。在政府决策层面，信息网络联系强度的提升拓宽了政府间信息交流的渠道，使得某一城市的地方政府可以较为方便地借鉴其他地区的发展经验，在吸收总结的基础上结合本地实际优化本城市的资源状况和发展环境，进而促进本城市土地利用效率的提升。在地区间竞争层面，信息网络联系强度在一定程度上代表了地区的发达程度，信息网络联系强度较高的地区通常对各类生产要素、人力资源等也具有更强的吸引力，从而推动各类要素资源向本地集聚并促进本城市土地利用效率的提升。

2. 信息网络联系对土地利用效率的间接影响机理

信息网络联系强度的提高能够推动地区间知识技术要素的流动整合。铁路网络联系和高铁网络联系的加强，主要通过促进地区间的技术人员和其他创新要素的流动来推动地区创新水平的提升，进而间接影响城市土地利用效率，信息网络联系的加强则主要通过强化地区间的线上交流、合作，促进研发人员结合各自地区的发展现状与地区特点提升地区的创新水平，进而推动地区经济发展与生产效率的提高，间接促进城市土地利用效率的提升。随着信息网络联系强度的提升，地区间的交流更加便捷，在城市群中，本身产业结构较为合理的城市对周边的非中心城市的引领和示范作用更加明显，产业结构本身不合理的地区更容易学习到其他产业结构较为合理的地区的发展经验，进一步优化自己的产业结构，同时随着信息交流得更加便捷，各地区获取自身所需的生产要素也变得更为便捷。网络联系强度的提升也拉动了互联网等新兴产业的发展，使得整体的产业结构由一二产业为主向第三产业占比逐渐提高的方向发展，进一步优化城市的产业结构，推动本身产业结构需要提升的城市向合理化方向发展。区域中的部分中心城市由于自身经济社会发展水平较高，更需要通过推动自身的产业结构高级化来进一步提升经济效益。信息网络联系强度的提升使得高新技术的获取难度降低、高新技术的更迭速度加快，促进新产品、新技术更快实现从理论层面到实践层面的转变，进而提升城市的产业结构高级化程度，间接促进城市土地利用效率的提升。

三、区域市场一体化对土地利用效率的影响机理

区域市场一体化是一种通过清除资源和要素跨区域流动障碍，使整个区域市场相互融合的过程。区域市场一体化对城市土地利用效率的作用体现在：清除贸易壁垒后，市场边界得以扩展，使企业能够进行大规模生产，进而产生规模经济效应；外来企业进入本地市场使企业间竞争加剧，企业优胜劣汰，促进知识及技术溢出、互相学习带来技术创新；资源要素在更大范围内自由流动、优化配置，为产业结构的优化升级与合理布局带来了可能。

1. 市场规模效应

基于短期利益追求，地方政府采取商品市场分割策略，通过设置贸易壁垒限制外地产品进入本地市场，短期内保护了本地企业的正常运营，同时也改善了本地经济，提供了更多的就业机会等。当其他城市纷纷采取地方贸易保护措施时，如果本地政府不采取同样的措施限制其他城市的商品进入本地市场，则意味着本地市场份额会被外地商品分掉一部分，这对本地企业的生存和发展是不利的。为了避免这种情况的发生，本地政府也会实行商品市场分割策略，进而形成各城市均采用市场分割策略的局面，陷入囚徒困境（陆铭、陈钊，2009）。从长期看，各城市的企业只能从分割、封闭的本地小市场中获得相对固定的市场份额，无法实现企业规模向外扩张。一方面，会使企业依赖长期形成的运营模式，丧失创新意识与创新激情，产品技术水平停滞不前；另一方面，分割市场的形成阻碍企业在地理空间上的集聚，进而难以形成大市场中的"规模经济"，企业发展困难重重。长此以往，大企业面临营收和利润大幅下降的危险，中小企业生存空间逐渐缩小，甚至被迫退出市场，而这也会反过来导致市场缺乏活力，市场规模逐渐萎缩，让潜在的开放统一大市场的规模效应更加难以实现。

在区域市场一体化过程中，城市间贸易壁垒逐渐消除，市场边界扩大，有利于原本孤立的多个小市场形成统一开放的大市场，扩大市场容量。市场容量的扩大允许更多企业主体进入市场，企业将不再局限于本地小市场，而

是根据发展需要扩大企业规模、调整企业布局，各企业能够在大市场中进行广泛联动，结合为一个有机"整体"，为产业的深度集聚与融合提供便利，进而促进规模效应的形成，增加规模报酬（Behrens et al.，2018；黄玖立、李坤望，2006），这也会进一步吸引资本与劳动力等生产要素的进入（范剑勇、谢强强，2010）。一方面，大市场意味着巨大的产品市场需求（Buckley et al.，2007；宋渊洋、黄礼伟，2014）和运输成本的降低（Krugman，1991），有利于吸引制造商，给大市场带来巨额资本投入。另一方面，市场规模的扩大意味着更多的就业机会、更好的生活条件，可以吸引大量的劳动力，劳动力的集聚会直接带动各生产生活行业的发展，提高行业经济效益（Angel and Blei，2016；Zhao et al.，2021）。同时，劳动人口向城市群集聚也对城市公共服务设施的建设提出了新的要求，更加完善的公共服务设施也会吸引更多高质量人才，带来先进的土地利用技术，实现城市土地利用效率的提升。

2. 市场竞争效应

当地方政府出于地方保护，采取商品市场分割策略时，外地产品难以进入本地市场，本地企业能够轻松抢占本地市场份额，维持企业经营。短期来看，企业维持了本地市场份额，也相应地促进了本地经济的增长。但从长期来看，企业不用与时俱进进行额外的创新活动就能维持已经占有的市场份额，同时还能规避高昂的创新成本投入和创新回报的不确定性，这必然导致企业安于现状，逐渐丧失积极性、主动性。在缺乏竞争的分割市场下，企业低效用地成为普遍现象，企业生产率的低下也使整个市场缺乏活力，反映在土地利用上就是土地价值并没有通过市场中的企业主动创新、积极竞争得到体现，土地利用效率的损失无异于宝贵土地资源的浪费，有违国家高质量发展、可持续发展的要求。同时，当商品市场处于分割状态时，外地企业的产品无法进入本地市场，本地企业与外地企业缺乏深度交流的机会，导致企业间无法相互学习生产经营等方面的先进技术，这会锁定当地企业的技术水平（薛梦迪，2021），限制企业本身甚至整个行业的发展进步。

在区域市场一体化过程中，市场规模逐渐扩大。一方面，超大市场规模吸纳更多主体进入市场参与竞争，相比于原来的封闭小市场，大市场的竞争十分激烈，企业不再安于现状，相反，面对前所未有的生存压力会产生紧迫感，进而激发企业自主研发、主动创新的意识。为了在激烈的市场竞争中立足，企业需要加大研发资源的投入，通过长期的自主创新活动来提升产品在市场中的竞争力，以便在市场竞争中占据优势地位，从而获得更广阔的生存空间。最终，那些能力较强的企业凭借先进的生产技术、优秀的管理经验等创造了丰厚的企业利润，能够在激烈的市场竞争中生存下来，同时也为整个市场带来巨大的经济效益，而那些能力较弱、生产效率较低的企业则会从市场中淘汰。反映在城市土地利用上就是有限的土地被高效利用，低效用地行为被避免，用地效益实现"数量级"增长，从而提高了城市土地利用水平。另一方面，在开放的大市场中，不同地区的企业将产品引入市场，参与竞争，凭借产品优势赢得相应的市场份额，同时也可以利用大市场平台加强企业间的交流，学习其他企业在产品生产、流通、销售过程中先进的研发理念和生产技术等，这有利于知识溢出和技术扩散，在交流学习中激发企业进行新的创新活动（Bloom et al.，2013），使企业的生产技术进一步转型升级，吸纳更多生产要素的投入，提升创新生产率。反映在土地利用上就是企业在激烈的市场竞争中优化了自身的生产技术、销售渠道等，也能通过合作共赢的方式推动企业间的知识与技术溢出、资源与信息共享，产生新兴技术，可以用于土地利用的过程中，从而促进土地利用效率的提升。

3. 资源配置效应

在土地经济学中，资源指土地、资本、劳动力和技术等生产要素，资源的稀缺性是进行配置的根本原因。资源配置是人类对相对稀缺的资源在各种可能的用途中进行选择、安排和搭配的过程（韩冰华，2005），是一种经济行为，其目的是实现资源的最优化配置，从而提高资源的利用效率与产出效益，以满足人类各种生产生活需求。资源配置理论由亚当·斯密在其著作《国富论》中提出，能够有效引导城市土地资源的合理利用。在市场分割策略下，资本、劳动力和技术等生产要素无法在区域间自由充分地流动，资源难以实现最优化配置，也进一步限制了城市土地利用效率的提升。

在区域市场一体化过程中，城市间贸易壁垒逐渐被打破，形成开放大市场。在开放大市场中，城市间的经济联系愈发密切，生产要素在城市间的流动速度和流动频率大大提高，中心城市凭借其强大的吸纳能力集聚了大量的优质生产要素，从而实现了资源配置效率最大化，形成了巨大的资源配置效应。一方面，土地资源可以在不同产业部门间进行配置，通常表现为从利用效率低的部门转向利用效率高的部门（曲福田、诸培新，2018）。例如，在快速城镇化的过程中，为了满足城市发展需要，城市附近的农村土地会转变为城市土地，支撑了城镇化发展的同时，也改变了土地利用的结构和布局，进而提升了土地利用效率。另一方面，土地资源可以在同一产业部门内的不同行业间进行配置。对于同一块土地，不同行业展开竞争，抢夺使用权，按照最优利用原则，最终土地资源会向出价最高的行业转移（雷利·巴洛维，1989），不同行业将按照支付能力从城市中心向外围依次排列，即效益较高的行业获得中心城区的土地使用权，效益较低的行业则会移动到城市边缘。各行业根据自身的支付能力，在土地供给与土地需求双重作用下的市场价格变化中匹配最佳区位。可以说，在大市场中，产业结构优化升级、产业布局更加合理，也进一步吸引资金、技术等生产要素的集聚，而承载着产业的土地则通过提高投入强度、高效地利用释放出巨大的投入产出效益。

4. 创新效应

区域市场分割主要通过阻碍知识溢出和技术扩散、限制创新合作关系建立、弱化市场竞争等抑制创新水平的提升。一方面，区域市场分割抬高了市场准入门槛，限制了不同地区企业之间的交流和合作，阻碍了知识和技术的传播和扩散，不利于产生同行业企业间的水平知识溢出和上下游行业企业间的垂直知识溢出，而企业对外部知识的获取和吸收是影响其创新能力和创新产出的重要因素。另一方面，区域市场分割可能会降低地区间的信任水平，不利于不同地区具有互补知识结构的企业建立创新合作关系，进而抑制企业研发水平和创新绩效的提升。此外，区域市场分割会弱化企业所面临的市场竞争，在缺少竞争的市场环境中企业可能不需要进行研发创新就能获得利润，从而使得企业缺乏加大创新投入的动力。鉴于创新成果的产出与企业的生产效率和节能减排水平密切相关，区域市场分割对创新的负面影响显然不利于土地利用效率的提升，区域市场一体化则能够推动城市土地利用效率的改善。

5. 本地市场规模和互联网发展水平的调节作用

值得注意的是，区域市场一体化对城市土地利用效率的影响强度并非一成不变的，而是可能随着本地市场规模、互联网发展水平的变化而变化。换而言之，本地市场规模和互联网发展水平可能对区域市场一体化和土地利用效率之间的关系具有调节作用。

本地市场是企业所面临市场的重要组成部分，本地市场规模在很大程度上决定了企业的潜在市场规模，区域市场一体化对城市土地利用效率的影响强度在本地市场规模不同的地区也会有所不同。在本地市场规模较大的地区，企业单纯依靠挖掘本地市场需求就有可能维持较大的生产规模并实现规模经济，享受到与大规模生产相关的生产分工细化、资源集约化利用、采购和分销运输成本降低等所带来的效率提升，区域市场一体化对土地利用效率的正面影响会相对较弱；而在本地市场规模较小的地区，企业只有通过开拓其他地区的市场才能实现大规模生产和规模经济，区域市场一体化对土地利用效率的正面影响会相对较强。总体上看，本地市场规模的增大能够弱化区域市场一体化对土地利用效率的正面影响。

互联网发展有助于提升企业市场的接入水平、降低交易成本，并能够提升生产环节的智能化、高效化、绿色化水平，因而互联网发展水平的提升能够弱化区域市场一体化对土地利用效率的正面影响。一方面，地方保护主义、交通基础设施滞后，以及地理和文化因素等会造成地区间的市场分割，而市场壁垒的形成使得企业难以通过线下营销活动将产品销售到其他地区的市场。互联网发展带动了电子商务平台的崛起，突破了传统线下商业活动的时空限制，使得企业能够以较低的成本进入线上统一市场，从而大大提升了企业的市场接入水平。另一方面，区域市场分割显著增加了企业的交易成本，而互联网发展则拓展了市场中供需双方的信息搜集渠道、为供需双方搭建了便捷的交流平台，从而有助于降低信息搜集成本和交流成本，并促进交易效率的提升。此外，工业互联网的发展能够提高生产环节的资源配置效率、促进供应链协同响应，推动形成智能化、高效化、绿色化的生产模式，从而减少生产过程中的资源能源消耗和污染排放。

6. 影响渠道的总结梳理

在市场规模效应下，企业将扩大规模并调整布局，向资源优势密集的地区集聚，这也会吸引更多资本、人力和技术等生产要素的投入，进而形成规模经济；在资源配置效应下，要素跨区域自由流动，从低效用地产业转移到高效用地产业，实现了资源的优化配置。在这个过程中，产业在市场机制作用下地理集聚、深度融合，实现了产业结构的合理化与高级化，带来土地与其他生产要素的相对价格变化，使城市土地利用产生更大的边际产出效益，同时能提高城市土地利用集约度，推动城市土地利用结构优化（张荣天、焦华富，2015；张立新 等，2017），稀缺的土地资源被高效合理地利用，低效用地行为被避免，进而提高了城市土地利用效率。因此，本研究在市场规模效应和资源配置效应下提出以产业结构合理化、产业结构高级化作为区域市场一体化影响城市土地利用效率的渠道变量，进行影响渠道检验。

在市场竞争效应下，低效用地企业被淘汰，高效用地企业则凭借强大的竞争力获得更大的发展空间，最终留在市场中的都是高效用地企业。对于这些企业来说，一方面，面对强大的竞争对手，会产生危机意识，激发自主创新意识，并且高效用地带来较高经济效益，有足够的资金用于产品研发与技术创新活动；另一方面，企业也可以进行生产、销售方面的交流学习，实现知识与技术溢出，同时又会在交流学习中发生创新行为，促进新技术的产生与应用。通过创新实现生产技术更新换代，企业生产效率提高，单位面积土地的产出增多，吸引生产要素空间集聚（张瑞 等，2023），提高生产要素边际转化率和投资回报率（张荣天、焦华富，2015；马凌远、李晓敏，2019），进而带来城市土地利用效率的提升。因此，本研究在竞争效应和创新效应下提出以创新水平作为渠道变量，进行影响渠道检验。

综上，本研究提出以下 3 条区域市场一体化影响城市土地利用效率的潜在影响渠道。

渠道一：区域市场一体化通过提升产业结构合理化水平对城市土地利用效率产生影响。

渠道二：区域市场一体化通过提升产业结构高级化水平对城市土地利用效率产生影响。

渠道三：区域市场一体化通过促进创新水平提升对城市土地利用效率产生影响。

四、区域空间结构对土地利用效率的影响机理

区域空间结构反映了区域内要素和经济活动的空间分布状况和格局特征，是影响其范围内集聚效应形成的关键因素，进而对区域内的城市土地利用效率产生重要影响。集聚效应可分为集聚正外部性和集聚负外部性。"分享"机制、"学习"机制和"匹配"机制是集聚正外部性的重要源泉，集聚正外部性能够促进土地利用效率的提升。首先，经济活动的空间集聚能够促进具有不可分性的基础设施、生产设施的分享使用，并使得企业得以共享中间投入品供应商，从而有助于降低生产成本、提高给定资源投入下的产出水平。其次，因空间集聚而产生的多元化城市环境是孕育创新的重要土壤，空间集聚也拉近了企业之间的距离，促进了知识和技能的传播、扩散，从而有利于土地利用效率的提升。再次，经济活动的空间集聚能够提高企业和各类生产要素之间的匹配概率和匹配质量，从而有助于提升要素配置效率和土地利用效率。然而，经济活动的空间集聚也会产生集聚负外部性（如交通拥堵、要素成本过高等）。集聚负外部性会增加生产成本、降低资源利用效率。

研究者主要基于集聚-分散、单中心-多中心这两个维度刻画城市群空间

结构特征。经济集聚程度侧重于在整体层面上反映区域范围内经济活动的空间分布状况。虽然经济活动的空间集聚既会产生正外部性也会产生负外部性，但总体来说，经济集聚程度的提高有助于促进资源利用效率的提升，对欧美国家和中国的大量实证研究也证实了这一点。多中心化程度主要反映区域内部主要城市之间"重要性"均衡分布的程度，而"重要性"通常用地区生产总值、人口等指标来衡量。近年来，多中心化发展已成为一个重要的规划理念，多中心化发展的经济和社会影响也受到了城市和区域研究者的广泛关注。许多学者认为，由于多中心化发展既能确保区域因集聚正外部性而获益，又能有效降低集聚负外部性，因而多中心化程度的提高有助于促进资源利用效率的改善。一方面，随着交通、通信和信息技术的快速发展，要素流动性、知识和信息的传播速度得到了极大提升，城市群内各主要城市之间得以进行更加有效的交流、互动、合作，实现"规模借用"。城市间联系的加强大大拓展了集聚正外部性的空间范围，因而将"区域化的"（指非限定在单个城市内部的）集聚正外部性称为"城市网络正外部性"。另一方面，集聚负外部性与单个城市的规模特征存在着紧密联系，并在很大程度上被限定在单个城市内部，因而多个主要城市的均衡发展有助于缓解因单个城市过度集聚而产生的集聚负外部性。

值得注意的是，区域空间结构对城市群土地利用效率的影响可能具有非线性特征，即空间结构演化的边际效应在不同经济发展水平下可能存在着差异。当经济发展水平相对较低时，经济集聚程度提高对城市土地利用效率提升的促进作用可能更加显著，其原因主要包括以下几个方面：其一，在经济发展的初级、中级阶段，各类基础设施相对稀缺，只有通过更加紧密的空间集聚，企业才有望从基础设施的分享使用中获益；其二，当经济发展水平相对较低时，由于各类要素市场的发育程度相对较低、辐射范围相对较小，因而经济活动的空间集聚在降低生产成本、交易成本方面的作用往往更加明显；其三，在经济发展的初级、中级阶段，由于信息和通信技术水平相对较低，因而信息的传播、知识的溢出与空间邻近性的联系更加紧密，空间集聚在促进人力资本积累方面的作用往往也更加显著。随着经济发展水平的提升，交通、信息、通信等基础设施的数量逐渐增加、质量逐步提高，各类要素市场不断发育完善、辐射范围逐步扩大。集聚效应的形成虽在很大程度上仍依赖于经济集聚程度的提高，但其依赖性可能逐渐降低，经济集聚程度提高对城市土地利用效率提升的边际效应可能也逐渐减小。与此相对应的是，多中心化程度提高对城市土地利用效率提升的边际效应则可能随着经济发展水平的提升而逐渐增大。一方面，区域经济发展水平越高，区域内的基础设施状况往往越好、要素市场体系往往越健全，从而使得各类要素的跨城市流动更加顺畅有序、区域内城市之间的联系更加紧密，进而更有可能形成超越单个城市边界的、"区域化的"集聚正外部性。另一方面，随着经济发展水平的提升，交通拥堵、要素成本过高等集聚负外部性逐渐显现，而多中心化发展在降低集聚负外部性方面的作用则愈发显著。事实上，在近年来欧美发达国家的空间规划实践中，多中心化发展对于缓解集聚负外部性、促进区域均衡发展的重要意义被反复强调。

第四节　本章小结

本章基于规模经济理论、集聚效应理论、可持续发展理论、大市场理论、要素流动理论、外部性理论等，分析了铁路网络、信息网络、区域市场一体化和区域空间结构对城市土地利用效率的影响机理。在网络联系的直接影响方面，铁路网络联系的加强通过直接降低运输成本、提高市场可达性、改善跨区域资源配置效率、提升要素空间整合能力等直接影响城市土地利用效率。高铁网络联系的加强能通过"虹吸效应"将周边城市的生产要素进一步吸引到本城市中，进而直接拉动城市土地利用效率的提升。信息网络的加强能够降低城市间交易成本和信息沟通成本，促进地区间资源配置更加合理化。同时，信息网络的不断发展推动地区政府间的联系加强，政府间的合作交流增多，出现合作共赢的局面，直接提升了城市土地利用效率。在网络联系的间接影响方面，铁路网络联系的加强主要通过促进市场规模扩大和创新水平提升这两条路径推动城市土地利用效率的提升。铁路交通的发展提高了铁路网络中城市的市场接入水平，有助于扩大企业的市场需求规模并形成规模经济效应，进而拉动城市土地利用效率的提升。铁路交通的发展加速了城市间的技术扩散和知识溢出，为不同城市研发人员的面对面交流提供了便利，从而促进城市创新水平和土地利用效率的提升。创新水平的提高也有助于促进环境友好型产业的发展，降低环境污染等非期望产出，也间接提升了城市土地利用效率。高铁网络的发展能够通过优化产业结构、促进服务业比重提升来促进土地利用效率的改善。信息网络联系的加强主要通过推进城市间的线上合作交流、拉动高新技术产业和数字经济发展等路径来间接影响城市土地利用效率。

基于市场规模效应、市场竞争效应和资源配置效应，构建了区域市场一体化对城市土地利用效率的影响机理的分析框架。在市场规模效应方面，大市场的形成促使企业扩大规模并调整布局，向资源密集的地区集聚，吸纳更多资本、人力和技术等生产要素进入市场，形成规模经济，进而提高城市土地利用效率。在市场竞争效应方面，企业优胜劣汰，低效用地企业退出市场，高效用地企业凭借自身能力获得巨额利润，得以在市场中生存并继续参与市场竞争。为了进一步巩固自身的市场地位，一方面，企业会激发自主创新意识，在产品研发和技术创新上投入更多的资金；另一方面，企业在竞争过程中通过交流互动，相互学习生产、销售等经验，实现知识溢出与技术溢出，并进一步激发创新行为，促进新技术的产生与应用。在创新意识与创新行为的双重作用下，企业提高了生产效率，进而提高了城市土地利用效率。在资源配置效应方面，要素自由流动，可以在不同产业部门间进行配置，实现了配置效率最大化。土地资源从利用效率低的部门转向利用效率高的部门，在这个过程中，产业结构优化升级、布局更加合理，城市土地得以高效利用，进而实现效率的提升。

区域空间结构能够影响区域范围内集聚效应的形成，进而对城市土地利用效率产生影响。经济集聚程度主要通过"分享"机制、"学习"机制和"匹配"机制促进集聚正外部性的形成，而集聚正外部性能够推动土地利用效率的提升。多中心化程度能够有效降低集聚负外部性，进而促进城市土地利用效率的改善。区域空间结构对城市群土地利用效率的影响可能具有非线性特征，随着经济发展水平的提升，经济集聚程度提高对城市土地利用效率提升的边际效应可能逐渐减小，多中心化程度提高对城市土地利用效率提升的边际效应则可能逐渐增大。

第三章

长三角区域一体化因素和城市土地利用
效率的测度与分析

本章基于列车班次数据、百度指数数据、商品市场零售价格指数和城市土地利用相关数据，测度长三角地级以上城市的综合铁路网络联系强度、高铁网络联系强度、信息网络联系强度、商品市场分割指数和城市土地利用效率。在测度结果基础上，对长三角内部各城市的综合铁路网络联系强度、高铁网络联系强度、信息网络联系强度、市场分割指数和城市土地利用效率的空间分布格局、动态演进特征等进行分析。

第一节　研究区域概况

本研究的研究区域主要选取为江苏省、浙江省、安徽省及上海市。这三省一市作为我国经济发展水平最强的城市群体系之一，自然资源禀赋优越、一二三产业融合程度较高，整体发展在全国有着举足轻重的地位。2020 年三省一市的地区生产总值总和超过 22.6 亿万元，超过全国 GDP 的五分之一。① 与此同时，三省一市也承载着重要的交通枢纽功能。经济的飞速发展的背景下更要求三省一市提高城市土地的利用效率，伴随着经济的发展，土

---

① 　数据来源于《中国统计年鉴》。

地粗放式利用等现象屡见不鲜。整体上看，中国的城市土地利用效率并不高，形成了东部地区大于西部地区大于中部地区的分布格局，三省一市的土地面积约为 3.09 万 km^2，仅占全国土地面积的 1/320，他们的土地利用效率虽然在国内属于较高的一部分，但仍存在较大的上升空间。

2013—2020 年，长三角全域地区生产总值以 8.5% 的年平均增长率快速增长，从 13.98 万亿元增长到 24.68 万亿元，经济实力在全国处于领先地位，推动中国经济快速发展。截至 2020 年底，长三角城市群全域土地面积 35.8 万 km^2，占全国比重仅为 3.7%，却创造了高达 24% 的全国地区生产总值，对中国的经济发展作出了巨大的贡献。常住人口 23 521.4 万人，人口密度大，科学技术支出 17 388 231 万元，人均专利授权数达 48.8 件/万人，每万人在校大学生数为 226.86 人，具有良好的人才储备基础和技术基础，是我国综合实力最强，发展前景最为广阔的地区之一。

就城市土地利用情况而言，截至 2020 年底，长三角城市建设用地面积共 12 002.75 km^2，占全国城市建设用地面积的 20.6%。其中，工业用地面积为 2 705.57 km^2，绿地与广场用地面积为 1 341.23 km^2，道路交通设施用地面积为 1 863.95 km^2，占长三角地区城市建设用地面积的比重分别为 22.5%、11.2%、15.5%。可以看出，长三角城市群在大力发展工业产业的同时，也注重城市绿化的重要性、交通基础设施的连通性，致力于公共服务等设施的建设，土地利用综合效益较高。

长三角城市群的形成是社会经济和自然地理长期演化的结果，同时也是政府部门与市场机制共同作用的结果。长三角区域一体化发展的构想由来已久，这一构想不仅是自上而下顶层设计的制度安排，同时也是自下而上区域治理的实践产物，其起点可以追溯到 1982 年上海经济区的成立（吴福象，2019），其后，"长三角"的内涵不断扩大。从 1992 年长三角 14 个城市成立联席会进一步发展为 1997 年城市经济协调会（新增泰州），再到 2003 年协调会成员增加至 16 个城市（新增台州），其后协调会成员不断增加，在长三角经济协调会第十九次会议上完成了第 5 次扩容，三省一市 41 个城市全部入会。长三角一体化从雏形发展到今天的国家战略高度，离不开党中央、国务院的深远谋划与政策指导。2008 年，国务院出台长三角地区发展指导意见，提出加快发展以上海为中心的现代服务业，积极推进重大基础设施一体化建设。2016 年出台《长江三角洲城市群发展规划》，提出要将长三角城市群培育成更高水平的经济增长极的目标。随着城市间联系愈发密切，城市集群式发展成为区域发展的新形式，长三角区域一体化也有了进一步的拓展与延伸。2018 年，长江三角洲区域一体化发展上升为国家战略，是党中央的重大决策，长三角肩负着带动整个长江经济带的重要使命，必须通过加强区域内各城市的互动，促进区域间交流合作，扎实推进长三角区域一体化发展战略实施落地，形成高质量发展的区域集群，为其他城市群、经济带的一体化建设发展提供参考样本。2019 年，《长江三角洲区域一体化发展规划纲要》发布，成为指导长三角区域一体化发展的纲领性文件，将助力长三角迈向"高质量""一体化"的每一步都坚定有力。

第二节　测度方法及数据来源

一、测度方法

1. 网络联系强度

本研究采用社会网络分析方法来测度网络联系强度，具体涉及两种中心度的测度指标：一是铁路网络、高铁网络及信息网络的点度中心度的测度；二是铁路网络和高铁网络的中间中心度的测度。点度中心度是最简单、最直观的中心度指标，网络中与某个节点有直接关系的节点的数目即为该节点的点度中心度。基于铁路列车班次数据构建铁路加权网络，以列车班次数表征城市之间的铁路联系强度，通过计算各城市的加权点度中心度来测度某一城市与区域内其他城市之间的铁路联系强度。参考既有研究，以点入度和点出

度之和来计算加权点度中心度，计算公式为

$$GDeg_{it, \text{ in}} = \sum_{j=1}^{n-1} r_{ij, \text{ in}}(i \neq j) \tag{3-1}$$

$$GDeg_{it, \text{ out}} = \sum_{j=1}^{n-1} r_{ij, \text{ out}}(i \neq j) \tag{3-2}$$

$$GDeg_{it} = GDeg_{it, \text{ in}} + GDeg_{it, \text{ out}} \tag{3-3}$$

式中，$GDeg_{it, \text{ in}}$、$GDeg_{it, \text{ out}}$ 和 $GDeg_{it}$ 分别表示城市 i 在综合铁路网络中的点入度、点出度和加权度数中心度（即对外铁路联系强度）；n 为城市数；$r_{ij, \text{ in}}$ 表示由城市 j 到城市 i 的列车班次数，$r_{ij, \text{ out}}$ 表示由城市 i 到城市 j 的列车班次数。如前所述，本研究既测度了各城市在综合铁路网络中的对外铁路联系强度 GDeg，也测度了其在高铁网络中的对外铁路联系强度 HDeg，并分别以这两个变量作为核心解释变量进行回归分析。基于百度指数数据构建信息加权网络，以城市之间互相搜索的频次来表征信息网络强度。采用与铁路网络点度中心度类似的计算方法测算信息网络点度中心度，并以其衡量某一城市与区域内其他城市之间的信息联系强度。

中间中心度则是用来测量行动者对资源的控制程度的中心度指标，如果一个节点处于许多其他节点对的测地线上，就认为该节点拥有较高的中间中心度，即表示它具有沟通其他节点的桥梁作用。铁路网络中城市的中间中心度的计算公式为

$$GBet_{it} = \sum_{j}^{n} \sum_{k}^{n} g_{jk}(i)/g_{jk} \tag{3-4}$$

式中，$GBet_{it}$ 表示城市 i 在综合铁路网络中的中间中心度；g_{jk} 表示城市 j 和城市 k 之间的测地线的条数；$g_{jk}(i)$ 表示城市 j 和城市 k 之间存在的经过城市 i 的测地线的条数。本研究既测度了各城市在综合铁路网络中的对外铁路联系强度 GBet，也测度了其在高铁网络中的对外铁路联系强度 HBet。

2. 市场分割指数

市场分割与市场一体化是一组相对应的概念，在区域市场一体化研究中，通常将市场分割指数作为区域市场一体化的负向指标反映市场一体化程

度，市场分割指数越大，说明区域市场一体化程度越低；市场分割指数越小，则区域市场一体化程度越高。本研究主要聚焦于商品市场，用商品市场分割指数反向反映长三角区域市场一体化程度。区域商品市场分割的本质是区域间存在商品贸易壁垒，使商品在进入其他城市商品市场时存在困难，这会限制各城市商品市场的联系和交流程度，可以通过量化区域内商品市场之间的联系程度来衡量区域商品市场分割指数。目前测度区域商品市场分割程度的方法主要包括生产法、贸易流量法和相对价格法等。与其他方法相比，相对价格法可以更准确地反映城市间的市场分割程度，因此，本研究利用相对价格法对长三角城市的商品市场分割程度进行测算。另外，本书借鉴吕越等（2018）文献中的做法，认为不仅相邻城市间存在市场分割，不相邻城市之间也可能存在某种商品竞争壁垒，因此，本研究在测度市场分割指数时，既考虑相邻城市，又考虑不相邻城市。

相对价格法通过城市间商品价格差异衡量市场分割程度，其理论基础是"冰山成本"模型（Samuelson，1964）。其主要观点：由于运输成本、制度性障碍的存在，运输中商品价值会有所损失，这一过程就像冰山融化，所以城市间同一商品的价格不会绝对相等，城市 i 和城市 j 同一商品的相对价格 P_i / P_j 会在一定区间内波动，所以可以用城市间商品相对价格的变动幅度来衡量市场分割的程度。变动幅度越大：市场分割程度增加，变动幅度越小；市场分割程度减弱，即市场是趋于整合的。

按照相对价格法，首先需要构造年份、城市和商品 3 维面板数据（$t \times m \times k$），原始数据来源于各城市统计年鉴中的商品零售环比价格指数，包含 2013—2020 年 8 年长三角 35 个地级及以上城市 16 类商品：食品；饮料、烟酒；服装、鞋帽；纺织品；家用电器及音像器材；文化办公用品；日用品；体育娱乐用品；交通、通信用品；家具；化妆品；金银珠宝；中西药品及医疗保健用品；书报杂志及电子出版物；燃料；建筑材料及五金电料。在测算市场分割指数时，本书借鉴盛斌和毛其淋（2011）的做法，采用商品零售环比价格指数的对数一阶差分形式来度量城市间商品相对价格 ΔQ_{ijt}^k，且对相对

价格进行取绝对值处理，以避免城市前后顺序不同影响相对价格方差，其公式如（3-1）所示。本书 35 个样本城市共计 595 对城市组合，时间跨度 8 年，每年选取 16 类商品数据，根据式（3-5），能算出 76 160 个相对价格 $|\Delta Q_{ijt}^k|$。

$$|\Delta Q_{ijt}^k| = |\ln(P_{it}^k / P_{jt}^k) - \ln(P_{it-1}^k / P_{jt-1}^k)| = |\ln(P_{it}^k / P_{it-1}^k) - \ln(P_{jt}^k / P_{jt-1}^k)|$$

$$(3-5)$$

此外，不同城市间商品相对价格变动来自两个方面，一是市场分割，二是商品自身的某些特定因素。如果不剔除，市场分割指数就会被高估，本书采用 Parsley 和 Wei（2001）提出的去均值法来处理商品自身因素的异质效应。假定

$$|\Delta Q_{ijt}^k| = a^k + \varepsilon_{ijt}^k$$

其中，a^k 是第 k 类商品自身特性所引起的价格变动；ε_{ijt}^k 则是城市 i 和城市 j 间的特殊市场环境所引起的价格变动。对城市组合间的相对价格 $|\Delta Q_{ijt}^k|$ 取均值得到 $|\Delta \overline{Q}_t^k|$，减去 $|\Delta \overline{Q}_t^k|$ 即可消除异质效应。

$$q_{ijt}^k = |\Delta Q_{ijt}^k| - |\Delta \overline{Q}_t^k| = (a^k - \overline{a}^k) + (\varepsilon_{ijt}^k - \overline{\varepsilon}_{ijt}^k) \qquad (3-6)$$

其中，q_{ijt}^k 是相对价格变动部分，只与市场分割和一些随机因素相关。下面，计算两两城市组合 16 类商品的相对价格波动 q_{ijt}^k 的方差 Var（q_{ijt}^k），并按城市合并，得到各个城市的市场分割指数。

$$\mathrm{mar}_i = \frac{1}{n-1} \sum_{i \neq j} \mathrm{Var}(q_{ijt}^k) \qquad (3-7)$$

其中，n 表示本书样本城市个数，即 $n=35$；mar_i 表示城市 i 与长三角区域内其他城市之间的市场分割指数。需要指出的是，考虑到市场分割指数的测算结果数值过小，对测得的市场分割指数进行放大 100 倍处理。

3. 城市土地利用效率

（1）测度方法选取

在众多效率测度方法中，数据包络分析（DEA）能同时处理多投入和产出的全要素生产率，且不用预设函数形式，能避免主观性，得到了广泛应用

（王德起、庞晓庆，2019）。但传统径向 DEA 无法解决松弛变量问题，测量结果不准确。2001 年，Tone 提出非径向、非角度的 SBM 模型，该模型可以直接将松弛变量纳入目标函数中，解决了径向 DEA 模型对无效率的测量没有包含松弛变量的问题。传统的 SBM 模型在评价决策单元（decision making unit，DMU）效率时，效率值在区间（0，1］分布，当存在多个决策单元效率值为 1 时无法进一步比较。Tone（2002）在传统 SBM 模型的基础上提出了包含非期望产出的超效率 SBM 模型，将非期望产出纳入模型，并将效率为 1 的有效决策单元进行再分解，避免了信息的损失。

假设有 n 个 DMU，每个 DMU 有 m 种投入、r_1 种期望产出和 r_2 种非期望产出。向量形式分别表示为 $\boldsymbol{X} \in \mathbf{R}^m$，$\boldsymbol{Y}^d \in \mathbf{R}^{r_1}$，$\boldsymbol{Y}^u \in \mathbf{R}^{r_2}$；$\boldsymbol{X}$、$\boldsymbol{Y}^d$ 和 $\boldsymbol{Y}^u$ 是矩阵，$\boldsymbol{X} = [x_1, x_2, \cdots, x_n] \in \mathbf{R}^{m \times n}$，$\boldsymbol{Y}^d = [y_1^d, y_2^d, \cdots, y_n^d] \in \mathbf{R}^{r_1 \times n}$ 和 $\boldsymbol{Y}^u = [y_1^u, y_2^u, \cdots, y_n^u] \in \mathbf{R}^{r_2 \times n}$，其中，$x_i > 0$，$y_i^a > 0$，$y_i^u > 0$。SBM 模型公式为

$$
\min \rho = \frac{1 - \dfrac{1}{m} \sum_{i=1}^{m} \left(\dfrac{w_i^-}{x_{ik}} \right)}{1 + \dfrac{1}{r_1 + r_2} \left(\sum_{s=1}^{r_1} \dfrac{w_s^d}{y_{sk}^d} + \sum_{q=1}^{r_2} \dfrac{w_q^u}{y_{qk}^u} \right)} \text{ s.t. } \begin{cases} x_{ik} = \sum_{j=1}^{n} x_{ij} \lambda_j + w_i^-, \ i = 1, 2, \cdots, m \\ y_{sk}^d = \sum_{j=1}^{n} y_{sj}^d \lambda_j - w_s^d, \ s = 1, 2, \cdots, r_1 \\ y_{qk}^u = \sum_{j=1}^{n} y_{qj}^u \lambda_j + w_q^u, \ q = 1, 2, \cdots, r_2 \\ \lambda_j > 0, \ j = 1, 2, \cdots, n \\ w_i^- \geqslant 0, \ i = 1, 2, \cdots, m \\ w_s^d \geqslant 0, \ s = 1, 2, \cdots, r_1 \\ w_q^u \geqslant 0, \ q = 1, 2, \cdots, r_2 \end{cases}
$$

$$(3-8)$$

其中，ρ 表示城市土地利用效率值，其值越大，代表效率水平越高；$\boldsymbol{\lambda}$ 是调整矩阵（权重向量）；w_i^-、w_s^d 和 w_q^u 分别表示第 i 种投入的冗余、第 s 种期望产出的不足、第 q 种非期望产出的冗余，也就是三者在生产前沿面上的松弛量。当且仅当 $\rho = 1$ 时，即 $w^- = 0$，$w^d = 0$，$w^u = 0$ 时，评价单元是 SBM 有效的，

对 SBM 有效的决策单元再进行超效率 SBM 评价，模型构建如下：

$$\min \rho = \frac{\dfrac{1}{m}\sum\limits_{i=1}^{m}\left(\dfrac{\bar{x}}{x_{ik}}\right)}{\dfrac{1}{r_1+r_2}\left(\sum\limits_{s=1}^{r_1}\dfrac{\overline{y^d}}{y_{sk}^d}+\sum\limits_{q=1}^{r_2}\dfrac{\overline{y^u}}{y_{qk}^u}\right)} \quad s.t. \begin{cases} \bar{x} \geqslant \sum\limits_{j=1,\ \neq k}^{n} x_{ij}\lambda_j, \ i=1,2,\cdots,m \\[2mm] \overline{y^d} \leqslant \sum\limits_{j=1,\ \neq k}^{n} y_{sj}^d\lambda_j, \ s=1,2,\cdots,r_1 \\[2mm] \overline{y^u} \geqslant \sum\limits_{j=1,\ \neq k}^{n} y_{qj}^u\lambda_j, \ q=1,2,\cdots,r_2 \\[2mm] \lambda_j > 0, \ j=1,2,\cdots,n \\[2mm] \bar{x} \geqslant x_k, \ k=1,2,\cdots,m \\[2mm] \overline{y^d} \leqslant y_k^d, \ q=1,2,\cdots,r_1 \\[2mm] \overline{y^u} \geqslant y_k^u, \ u=1,2,\cdots,r_2 \end{cases}$$

$$(3-9)$$

（2）测度指标体系设计

土地是生产生活的物质基础，其利用过程是包含社会、经济和环境在内的统一整体。本书根据已有研究结果（吴得文 等，2011；杨清可 等，2014；卢新海 等，2020），遵循指标选取的科学性、代表性和可得性等原则，从投入、期望产出、非期望产出三个方面来设计城市土地利用效率测度指标体系，测度长三角城市土地利用效率。具体的指标在表 3-1 中展示。

本书选取土地、资本和劳动力作为城市土地利用过程中的投入指标。作为城市社会经济发展的物质基础，土地投入是衡量城市土地利用效率的必要指标之一。城市生产依托于建设用地，本书选取城市建设用地面积（km²）作为土地投入指标对长三角城市土地利用效率进行考察。土地利用过程中的资本投入对城市的社会经济效益具有重要影响，但城市土地投入产出并不直接取决于当期投资，而是前期投资积累的存量资本（方创琳、关兴良，2011），故本书选取资本存量（亿元）作为投入指标的一部分。城市土地利用除了土地和资本的投入，还需要劳动力的投入，土地及资本只能通过人类活动才能发挥出应有的价值。本书选取城镇从业人员数（万人）作为劳动力投入指标。城镇从业人员数=城镇单位从业人员期末数+城镇私营和个体从业人员数。

期望产出反映城市在一定时期内生产经营活动和服务活动的经济效益。第二、三产业增加值可以直接反映城市土地利用的有效产出，故本书选取第二、三产业增加值（亿元）作为经济效益产出。

非期望产出即"坏"产出，鉴于目前中国城市的空气及水污染比较严重，选取工业废水、工业 SO_2 和工业烟尘的排放量作为非期望产出。为消除三种非期望产出计量单位不同而造成的量级差异，本书采用熵值法计算非期望产出的综合指数。

表 3-1 城市土地利用效率测度指标体系

一级指标	二级指标	指标说明
投入	土地	城市建设用地面积/km^2
	资本	资本存量/亿元
	劳动力	城镇从业人员数/万人
期望产出	经济效益	第二、三产业增加值/亿元
非期望产出	环境负效应	工业废水排放量/万 t
		工业二氧化硫排放量/t
		工业烟尘排放量/t

4. 空间自相关分析测度指标

本研究通过测算城市土地利用效率的 Global Moran's I 指数来分析其空间自相关性，即反映空间邻近城市土地利用效率的总体相似程度，基本计算公式为

$$\text{Moran's } I = \frac{\sum_{i=1}^{n}\sum_{j\neq i}^{n} w_{ij}(x_i - \overline{x})(x_j - \overline{x})}{s^2 \sum_{i=1}^{n}\sum_{j\neq i}^{n} w_{ij}} = \frac{\sum_{i=1}^{n}\sum_{j\neq i}^{n} w_{ij}\left(x_i - \frac{1}{n}\sum_{i=1}^{n} x_i\right)\left(x_j - \frac{1}{n}\sum_{i=1}^{n} x_i\right)}{\frac{1}{n}\sum_{i=1}^{n}\left(x_i - \frac{1}{n}\sum_{i=1}^{n} x_i\right)^2 \sum_{i=1}^{n}\sum_{j\neq i}^{n} w_{ij}}$$

$$(3-10)$$

其中，x_i、x_j 分别表示第 i、j 个城市的城市土地利用效率值；$\bar{x}$ 是城市土地利用效率值的平均值；W_{ij} 为空间权重矩阵，当城市 i 和城市 j 相邻时，$w_{ij}=1$，反之 $w_{ij}=0$；s^2 表示城市土地利用效率值的方差；n 为本研究城市单元总数。Moran's I 的取值范围为 $[-1, 1]$，给定显著性水平时，若 Moran's I 显著为正，表示城市土地利用效率存在空间正相关，较高（低）的城市在空间上呈集聚态势；若 Moran's I 显著为负，表示城市土地利用效率存在空间负相关，相邻区域城市土地利用效率存在较大差异，空间格局比较分散；若 Moran's I 为 0，则表示不存在空间相关关系。

二、数据来源

本研究以长三角地区地级及以上城市作为分析单元。本研究所采用的地理数据来源于资源与环境科学数据中心（http：//www. resdc. cn/），社会经济数据来源于《中国城市统计年鉴》《中国城市建设统计年鉴》、各省市统计年鉴和各地级及以上市的《国民经济和社会发展公报》。铁路旅客列车班次数据来源于《全国铁路旅客列车时刻表》、中国铁路客户服务中心网站（https：//www. 12306. cn/index/）和盛名时刻表。为了消除价格变动带来的影响，本研究采用 GDP 平减指数、固定资产价格指数对各城市的生产总值、资本存量等数据进行相应的价格换算处理。

第三节　测度结果分析

一、长三角铁路网络联系分析

2011—2020 年长三角综合铁路网络点度中心度的测度结果如表 3-2 所示。三省一市综合铁路网络结构存在一定的共性，各省份中部位置城市的点度中心度较大、综合铁路网络联系强度较强，边缘位置城市的点度中心度较小，网络联系强度相对较低，形成了以上海市、南京市、苏州市、杭州市、无锡市为核心的明显的"核心-边缘"结构。上述城市在 2011—2020 年间均具有较高的综合铁路联系强度，形成了一个较为明显的"三角形架构"。从不同省份来看，上海市作为三省一市中的一个重要交通枢纽，汇集了来自江苏和浙江多个城市的铁路要素流，在整个长三角综合铁路网络中处于核心地位。江苏省的综合铁路网络形成了"一主三副一从+周边城市"的空间格局，以南京市为中心，苏州市、无锡市和常州市作为三个副中心，连接周边城市，而徐州市作为苏北地区综合铁路联系强度较强的地级市，也发挥了较为明显的枢纽作用。南京市主要联通了苏南和苏北地区的腹地，与苏中地区和浙江沿海地区的综合铁路联系强度则相对较低。江苏省除了位于长三角核心区域的城市和位于苏北地区的徐州市之外，其他地区的综合铁路联系强度不高。在浙江省的综合铁路网络中，杭州市的中心地位非常明显，浙江省基本形成了由杭州为向周边城市发散的综合铁路网络格局。宁波市、嘉兴市等城市与上海市有着较强的综合铁路联系。随着时间的推移，浙江省内其他城市的铁路交通也有所发展，综合铁路联系强度总体上呈现显著增长的态势。安徽省的综合铁路网络形成了以合肥市为主中心的空间格局。蚌埠市的综合铁路联系强度也相对较高，在 2011—2020 年间的综合铁路联系强度一直与合肥市接近甚至超过了合肥市，可被视为安徽省综合铁路网络的副中心，安徽省其他城市的综合铁路联系强度则相对较低且与其他省份的联系较少。

表 3-2 2011—2020 年长三角综合铁路网络点度中心度

城市	年份/年										
	2011	2012	2013	2014	2015	2016	2017	2018	2019	2020	2021
上海	2 167	3 091	2 972	4 188	3 833	3 813	4 030	3 944	4 494	4 126	5 143
南京	1 620	2 699	2 704	3 955	3 701	3 913	4 105	4 185	4 684	4 233	4 931
无锡	1 451	2 117	2 139	3 010	2 646	2 562	2 563	2 394	3 040	2 782	3 182
徐州	897	1 312	1 312	1 888	1 809	1 805	1 944	2 057	2 255	2 209	2 480
常州	1 350	1 942	1 982	2 875	2 493	2 466	2 332	2 023	2 923	2 699	3 121

续表

城市	年份/年										
	2011	2012	2013	2014	2015	2016	2017	2018	2019	2020	2021
苏州	1 340	2 079	2 137	3 059	2 760	2 758	2 827	2 813	3 239	3 014	3 433
南通	52	64	88	90	119	215	149	160	164	138	516
连云港	52	52	52	50	63	58	59	71	97	182	614
淮安	62	68	66	58	90	83	87	86	101	260	893
盐城	67	74	72	70	95	94	89	97	105	194	420
扬州	98	112	108	116	123	206	147	143	154	117	974
镇江	1 227	1 617	1 756	2 353	2 104	1 588	1 634	1 737	1 879	1 767	1 929
泰州	96	121	114	130	142	209	161	148	170	138	352
宿迁	44	46	58	54	101	105	95	97	130	331	553
杭州	1 393	1 721	1 705	2 324	2 388	2 654	2 871	2 861	3 228	2 876	3 815
宁波	447	601	571	1 038	1 061	1 148	1 211	1 217	1 317	1 127	1 411
温州	412	542	567	832	894	1 093	1 215	1 272	1 424	1 176	1 478
嘉兴	730	885	962	1 189	1 283	1 280	1 369	1 302	1 540	889	1 713
湖州	286	293	264	335	456	503	608	683	789	686	1 014
绍兴	330	427	418	934	926	1 076	1 124	1 144	1 179	967	1 043
金华	640	730	773	971	948	1 098	1 285	909	1 444	1 214	1 530
衢州	385	545	491	460	575	372	640	591	677	689	773
舟山	0	0	0	0	0	0	0	0	0	0	0
台州	220	330	325	523	647	608	624	549	703	616	706
丽水	162	170	193	207	191	390	485	493	654	469	628
合肥	697	1 021	1 061	1 477	1 472	1 676	1 654	1 658	1 757	1 670	2 644
芜湖	577	609	574	624	557	789	778	794	924	836	1 503
蚌埠	962	1 158	1 194	1 685	1 405	1 375	1 446	1 506	1 761	1 639	1 672
淮南	291	326	309	476	482	513	490	493	520	760	1 045
马鞍山	257	270	248	258	250	466	463	523	580	396	593

城市	年份/年										
	2011	2012	2013	2014	2015	2016	2017	2018	2019	2020	2021
淮北	109	120	124	159	127	138	135	172	247	195	255
铜陵	78	73	57	93	98	540	543	542	629	632	690
安庆	61	95	75	107	76	385	376	369	423	403	557
黄山	130	147	151	133	173	271	284	274	388	393	437
滁州	378	545	586	885	743	708	774	704	872	750	824
阜阳	350	450	373	585	462	427	405	398	436	621	1 245
宿州	419	617	668	927	707	661	728	779	956	870	931
六安	256	313	309	506	610	617	564	581	639	496	670
亳州	161	216	193	226	227	169	184	166	170	309	521
池州	77	68	57	98	98	379	403	418	505	471	505
宣城	485	503	498	448	455	423	401	375	356	331	846

　　2011—2020 年长三角综合铁路网络中间中心度的测度结果如表 3-3 所示。中间中心度反映了某一城市沟通铁路网络中其他城市的中介、桥梁作用。研究期内长三角综合铁路网络呈现出较为明显的"核心-边缘"特征，高强度的城际联系主要集中在由沪宁铁路、宁杭铁路和杭甬铁路组成的"Z"字形走廊上。沪宁铁路沿线城市间的联系强度最大，沪杭、杭甬铁路沿线城市间的联系强度次之。京沪铁路沿线的徐州与其他城市间也存在较为紧密的铁路联系。在边缘区域中，北翼苏北和苏中以及西翼皖西和皖南的城市间铁路联系，相对弱于南翼浙江南部的城市间联系。从表 3-3 中可以看出，沪宁铁路沿线的上海、南京、无锡、常州、苏州，宁杭铁路沿线的杭州，京沪铁路沿线的徐州、蚌埠具有较高的综合铁路网络中间中心度。此外，苏中地区的扬州、镇江、泰州，安徽省的合肥、芜湖等城市，也具有较高的综合铁路网络中间中心度。

表 3-3　2011—2020 年长三角综合铁路网络中间中心度

城市	年份/年									
	2011	2012	2013	2014	2015	2016	2017	2018	2019	2020
上海	23.442	20.102	18.457	27.363	21.533	14.071	13.089	13.089	16.93	15.226
南京	76.286	64.701	59.016	48.068	40.641	56.571	56.681	56.681	50.583	48.897
无锡	19.693	17.444	19.378	23.019	18.436	11.688	6.929	6.929	14.803	22.287
徐州	83.474	83.483	72.919	74.106	63.894	88.566	100.76	100.76	44.12	35.327
常州	19.76	17.444	19.378	22.192	18.436	11.688	6.902	6.902	13.598	13.912
苏州	21.538	17.444	19.378	23.019	17.824	10.586	11.678	11.678	10.754	13.912
南通	5.391	7.742	13.934	11.694	9.98	6.815	7.258	7.258	4.959	5.439
连云港	0.427	0.265	0.279	0	0.295	0.204	0.131	0.131	7.041	7.314
淮安	0	0	0	0	0.295	12.372	0	0	3.593	9.737
盐城	0.599	0.512	0.514	0.444	0.454	0.593	0.57	0	0.936	1.766
扬州	25.8	23.321	24.093	26.631	22.023	17.084	14.936	14.936	8.617	5.439
镇江	15.187	15.907	19.378	18.343	15.701	6.023	5.441	5.441	4.091	8.976
泰州	21.321	22.34	19.567	23.664	20.842	11.022	14.59	14.59	8.617	8.241
宿迁	0	0	0	0	0	0	0	0	0	4.602
杭州	22.298	20.877	23.806	17.78	14.123	11.155	14.315	14.315	8.134	17.394
宁波	11.473	10.98	12.066	7.539	5.369	4.972	4.891	4.891	4.5	7.508
温州	13.169	4.742	6.341	6.454	5.423	9.518	9.333	9.333	6.457	11.481
嘉兴	5.071	4.007	7.997	10.01	8.072	8.107	12.017	12.017	8.038	6.762
湖州	4.528	5.796	5.327	0.389	0.647	1.105	1.399	1.399	0.98	1.705
绍兴	10.047	11.603	12.445	7.539	5.267	5.381	5.54	5.54	4.135	3.905
金华	9.031	3.923	4.048	7.857	8.705	8.064	8.018	8.018	6.802	6.016
衢州	1.067	0.978	0.653	0.401	1.483	1.164	2.54	2.54	1.996	2.33
台州	0	0.661	0.368	0.744	0.605	0.591	0.483	0.483	1.006	3.888
丽水	6.834	2.103	2.964	2.436	1.77	4.566	4.885	4.885	6.445	6.208
合肥	31.635	33.574	32.241	25.685	19.843	30.404	27.942	27.942	21.064	21.083

城市	年份/年									
	2011	2012	2013	2014	2015	2016	2017	2018	2019	2020
芜湖	23.592	21.051	19.231	8.975	11.072	17.858	17.734	17.743	13.048	14.449
蚌埠	12.753	13.043	12.165	17.12	19.296	31.676	23.597	23.597	28.967	29.464
淮南	25.286	22.292	18.336	14.023	15.788	12.372	17.553	17.553	18.105	16.921
马鞍山	16.59	15.229	13.61	3.648	2.657	7.215	7.107	7.107	5.671	1.077
淮北	3.39	3.142	4.2	3.4	11.44	19.692	5.189	5.189	3.094	2.644
铜陵	0.533	0.733	0.373	0.522	2.14	6.584	6.845	6.845	5.339	10.316
安庆	3.647	2.82	2.54	2.565	2.409	6.737	7.005	7.005	5.179	9.823
黄山	1.599	1.459	1.111	1.096	1.712	5.794	5.16	5.16	8.19	7.034
滁州	6.009	8.862	6.892	12.918	14.564	16.01	12.994	12.994	15.857	19.467
阜阳	22.666	28.423	24.859	13.791	23.981	5.748	18.78	18.78	12.378	14.277
宿州	8.166	8.467	10.911	14.394	14.544	10.876	12.075	12.075	12.88	14.771
六安	4.644	8.557	3.539	7.279	2.815	12.221	12.684	12.684	9.316	10.247
亳州	3.315	7.031	3.574	1.778	2.67	1.792	0.702	0.702	0.491	1.789
池州	0.533	0.456	0.373	0.577	2.14	3.836	5.469	5.469	4.629	9.831
宣城	16.206	15.485	16.558	7.539	7.111	10.476	8.776	8.776	7.389	4.538

2011—2020年长三角高铁网络点度中心度的测度结果如表3-4所示。长三角高铁网络与综合铁路网络的结构特征具有一定的相似性，也形成了以上海市、南京市、苏州市与杭州市为核心的"核心-边缘"结构。在2011年至2014年间，上海市和江苏省的高铁发展较快，高铁网络联系强度的增长幅度大于安徽省和浙江省。在2014—2020年间高铁发展速度最快的省份为浙江省，浙江省各市在此期间的高铁网络联系强度均有显著提高。从不同省份来看，上海市与江苏省和浙江省的各城市均具有较为紧密的高铁联系。在研究期内，江苏省苏南各地级市高铁联系强度出现了显著增长。苏北地区的高铁发展与苏南地区相比较为落后，在江苏高铁网络中属于边缘地区。南京市在

江苏高铁网络中居于显著的核心地位，苏州市的高铁联系强度仅次于南京市。苏南的无锡市、常州市和苏北的徐州市的高铁联系强度也相对较高，属于区域性交通枢纽。总体上看，江苏省形成的是"一主一副三从+周边城市"的高铁网络空间格局。浙江省中部地区和北部地区的高铁发展较为迅速，杭州市、金华市、嘉兴市在浙江省内高铁网络中居于核心地位，浙江南部在省内高铁网络中属于边缘地区。安徽省在2017年之前整体高铁发展较为滞后，在2017—2020年间高铁发展取得了一定进展。2011—2017年间安徽省各城市的高铁网络联系强度均相对较低，省会合肥的高铁联系强度较高，但这一时期安徽省内仍没有严格意义上的核心地区。2017—2020年间合肥市和蚌埠市的高铁联系强度显著提升，安徽省内以合肥市和蚌埠市为核心的高铁网络格局逐步显现。与综合铁路网络均衡发展的态势有所不同，受"虹吸效应"的影响，高铁网络的空间格局呈现了显著的非均衡特征。在长三角综合铁路网络中，随着年份的推移，大多数城市的综合铁路联系强度均有较为显著的提升。而在高铁网络中，不同城市高铁网络联系强度的提升幅度存在着较为明显的差异，区域中许多边缘城市的高铁发展停滞不前，而核心城市的高铁发展则不断加快。其背后的原因可能在于，高铁网络中"核心-边缘"结构的出现导致各类资源要素向核心城市加速集聚，使得不同类型城市高铁发展不平衡的程度逐步加深。

表3-4　2011—2020年长三角高铁网络点度中心度

城市	年份/年									
	2011	2012	2013	2014	2015	2016	2017	2018	2019	2020
上海	606	1 176	1 074	1 631	1 948	2 217	2 486	2 547	2 891	2 773
南京	431	951	959	1 591	1 925	2 177	2 561	2 661	3 031	2 826
无锡	361	488	695	1 053	1 250	1 385	1 540	1 624	1 796	1 698
徐州	0	251	251	625	790	859	1 183	1 245	1 367	1 248
常州	329	615	629	938	1 132	1 228	1 422	1 478	1 739	1 700
苏州	343	720	725	1 083	1 357	1 472	1 641	1 687	1 978	1 912

续表

城市	年份/年									
	2011	2012	2013	2014	2015	2016	2017	2018	2019	2020
南通	0	0	0	0	0	0	0	0	0	0
连云港	0	0	0	0	0	0	0	0	0	0
淮安	0	0	0	0	0	0	0	0	0	64
盐城	0	0	0	0	0	0	0	0	0	0
扬州	0	0	0	0	0	0	0	0	0	0
镇江	286	438	0	592	827	948	1 149	1 160	1 322	1 287
泰州	0	0	0	0	0	0	0	0	0	0
宿迁	0	0	0	0	0	0	0	0	0	62
杭州	163	358	238	607	1 125	1 499	1 733	1 789	2 011	1 795
宁波	0	0	0	388	557	645	736	738	811	649
温州	0	0	0	152	350	577	707	768	920	726
嘉兴	95	141	135	191	535	671	730	720	820	753
湖州	20	0	0	266	368	440	561	629	714	621
绍兴	0	0	0	357	507	598	695	694	707	537
金华	0	0	0	0	310	594	707	759	845	798
衢州	0	0	0	0	220	372	375	388	401	433
舟山	0	0	0	0	0	0	0	0	0	0
台州	0	0	0	148	335	355	414	363	490	407
丽水	0	0	0	0	0	198	271	358	453	376
合肥	0	0	152	453	599	759	756	807	884	1 010
芜湖	0	0	0	0	0	217	231	287	358	325
蚌埠	0	70	116	256	398	491	714	770	910	800
淮南	0	0	45	93	159	231	225	242	248	549
马鞍山	0	0	0	0	0	211	216	288	359	328
淮北	0	0	0	0	0	0	0	61	65	28

续表

城市	年份/年									
	2011	2012	2013	2014	2015	2016	2017	2018	2019	2020
铜陵	0	0	0	0	0	349	370	360	428	544
安庆	0	0	0	0	0	229	230	232	284	360
黄山	0	0	0	0	0	171	187	192	294	352
滁州	0	63	58	184	249	280	398	377	478	409
阜阳	0	0	0	0	0	0	0	0	0	380
宿州	0	45	73	166	255	292	443	488	607	558
六安	0	0	0	104	0	202	167	171	234	186
亳州	0	0	0	0	0	0	0	0	0	185
池州	0	0	0	0	0	201	230	233	301	367
宣城	0	0	0	0	0	0	0	0	0	0

2011—2020 年长三角高铁网络中间中心度的测度结果如表 3-5 所示。从表中可以看出，沪宁铁路沿线的上海、南京、无锡、常州、苏州，宁杭铁路沿线的杭州，京沪铁路沿线的徐州、蚌埠具有较高的高铁网络中间中心度。此外，苏中地区的镇江，浙江省的温州、嘉兴、金华，安徽省的合肥、宿州等城市，也具有较高的高铁网络中间中心度。随着近年来高铁的快速发展，研究期内上述城市的高铁网络中间中心度总体呈现较为明显的上升趋势。

表 3-5　2011—2020 年长三角高铁网络中间中心度

城市	年份/年									
	2011	2012	2013	2014	2015	2016	2017	2018	2019	2020
上海	0.5	1.855	3.389	5.737	2.853	16.607	16.376	17.254	11.236	18.035
南京	0.5	1.855	3.389	5.737	2.853	12.034	11.903	17.289	11.236	26.805
无锡	0.5	1.855	2.156	1.925	2.382	10.135	9.847	11.318	8.767	18.344
徐州	0	1.855	2.629	5.419	2.853	9.591	9.235	10.782	6.507	13.998

续表

城市	年份/年									
	2011	2012	2013	2014	2015	2016	2017	2018	2019	2020
常州	0.5	1.855	1.177	1.607	2.382	10.135	9.847	11.318	9.83	17.31
苏州	0.5	1.022	1.42	1.041	2.382	10.135	9.847	9.549	9.83	16.874
南通	0	0	0	0	0	0	0	0	0	0
连云港	0	0	0	0	0	0	0	0	0	0
淮安	0	0	0	0	0	0	0	0	0	0
盐城	0	0	0	0	0	0	0	0	0	0
扬州	0	0	0	0	0	0	0	0	0	0
镇江	0.167	1.022	3.389	0.85	0	10.135	9.847	10.765	9.83	15.928
泰州	0	0	0	0	0	0	0	0	0	0
宿迁	0	0	0	0	0	0	0	0	0	0.113
杭州	0.33	1.208	0.584	5.737	2.853	14.132	13.289	17.254	11.236	24.721
宁波	0	0	0	0	1.157	1.689	1.647	1.568	2.831	5.283
温州	0	0	0	0.438	1.04	9.892	9.316	10.608	9.195	15.166
嘉兴	7	0	0.091	3.067	2.853	12.828	11.14	12.658	8.667	13.37
湖州	0	0	0	2.493	2.382	1.824	1.813	2.736	2.546	5.168
绍兴	0	0	0	5.244	1.157	1.689	1.647	1.568	1.633	2.853
金华	0	0	0	0	0.585	10.256	9.511	11.526	9.59	13.273
衢州	0	0	0	0	0.719	2.631	2.069	2.691	3.959	4.221
舟山	0	0	0	0	0	0	0	0	0	0
台州	0	0	0	0.438	0.589	0.913	0.934	0.567	1.734	5.039
丽水	0	0	0	0	0	2.249	3.94	4.299	0	7.292
合肥	0	0	2.566	0	2.409	8.11	8.157	10.183	5.559	10.508
芜湖	0	0	0	0	0	0.638	0.556	0.163	0.038	0.133
蚌埠	0	0.111	1.839	2.377	2.853	8.373	9.235	10.782	6.507	14.684
淮南	0	0	0	3.043	0.936	7.781	5.748	7.325	4.268	9.834

续表

城市	年份/年									
	2011	2012	2013	2014	2015	2016	2017	2018	2019	2020
马鞍山	0	0	0	0	0	0	0	0.234	0.286	0.133
淮北	0	0	0	0	0	0	0	0.878	0.996	0.232
铜陵	0	0	0	0	0	5.97	5.844	4.998	2.515	4.613
安庆	0	0	0	0	0	2.408	2.19	1.835	1.629	3.753
黄山	0	0	0	0	0	0.336	0.278	0.267	1.221	5.863
滁州	0	0.236	0.422	0	1.59	1.236	1.272	1.703	1.38	4.078
阜阳	0	0	0	0	0	0	0	0	0	2.992
宿州	0	0.125	0.949	1.547	2.076	5.451	5.749	7.603	5.261	9.802
六安	0	0	0	1.045	0.713	0.551	0.574	0.945	0.913	1.348
亳州	0	0	0	0	0	0	0	0	0	1.26
池州	0	0	0	0	0	0	2.19	1.835	1.629	3.605
宣城	0	0	0	0	0	0	0	0	0	0

二、长三角信息网络联系分析

2011—2020 年长三角信息网络点度中心度的测度结果如表 3-6 所示。在长三角信息网络中，由上海市、南京市、杭州市及合肥市这四个直辖市和省会城市为中心向周边城市发散的格局极为显著。除去上述四大城市，苏州市在长三角信息网络中也处于较为重要的地位。整体上看，长三角地区形成了"一主三副一从+周边城市"的信息网络空间格局，上海市为主中心，江苏、浙江、安徽三省的省会城市为副中心，苏州市为"一从"。长三角信息网络与综合铁路网络、高铁网络较为不同的一点是，信息网络中所有城市之间均存在着一定的联系。在 2011 年，网络技术尚未大范围普及的背景下，各城市的信息网络联系强度普遍不高，上海市在整个长三角信息网络中的核心地位，南京市、苏州市和杭州市在所在省份信息网络中的核心地位已经开始逐步显露。该年份安徽省内信息网络的格局特征则不明显，无法辨别出区域性核心城市。随着网络技术的不断普及,从 2014 年起,长三角信息网络的空间格局特征已经十分清晰和明朗。上海市作为长三角核心城市,不仅吸引了一些信息网络高密度城市(例如南京市、苏州市及杭州市)的信息要素流,而且也依靠地理距离的优势,吸引了江苏省中部南通市、泰州市等城市的信息要素流。在江苏省内信息网络中,南京市信息联系强度最高,苏州市次之,形成了"一主一副+周边城市"的信息网络空间格局。在浙江省内信息网络中,杭州市的核心地位十分显著,形成了"单中心+周边城市"的信息网络空间格局。

表 3-6 2011—2020 年长三角信息网络点度中心度

城市	年份/年									
	2011	2012	2013	2014	2015	2016	2017	2018	2019	2020
上海	14 639	15 716	21 361	22 219	32 953	32 035	35 561	23 898	30 980	29 399
南京	10 000	10 775	16 237	18 782	22 782	21 840	25 533	22 897	22 897	21 129
无锡	7 167	7 300	9 979	11 308	14 768	15 877	16 040	16 051	16 051	14 672
徐州	5 870	5 915	9 230	10 918	12 499	12 873	13 586	13 267	13 267	12 901
常州	6 520	6 697	9 156	11 898	12 670	12 830	13 945	13 110	13 110	12 393
苏州	9 894	10 301	13 333	20 590	23 766	21 271	24 718	23 898	23 898	20 911
南通	5 156	5 409	7 647	9 781	10 577	11 156	11 768	11 458	11 458	11 279
连云港	4 897	5 051	8 091	10 532	11 559	11 748	11 946	10 588	10 588	10 493
淮安	4 638	4 824	7 542	9 632	9 645	9 315	10 389	10 387	10 387	10 177
盐城	4 982	5 030	6 731	8 610	9 194	9 670	10 699	10 962	10 962	10 646
扬州	5 513	5 785	7 475	10 330	11 432	11 528	12 330	12 205	12 205	11 197
镇江	4 844	5 011	6 885	9 223	9 667	9 557	10 830	10 861	10 861	10 442
泰州	4 811	4 914	6 380	8 204	8 960	9 042	10 243	10 139	10 139	9 888
宿迁	4 273	4 204	6 571	7 025	9 678	8 572	9 770	9 588	9 588	10 005
杭州	9 685	10 164	16 252	23 617	24 003	23 631	29 800	27 063	27 063	24 489
宁波	7 110	7 966	10 118	12 861	14 523	15 710	15 837	15 998	15 998	14 509

续表

城市	年份/年									
	2011	2012	2013	2014	2015	2016	2017	2018	2019	2020
温州	7 209	6 684	9 313	11 663	12 766	13 236	12 878	11 688	11 688	11 746
嘉兴	5 585	5 377	9 723	9 241	10 146	10 572	12 264	11 266	11 266	11 024
湖州	4 702	4 604	8 166	7 735	9 032	9 230	10 582	10 685	10 685	10 667
绍兴	5 300	5 421	9 179	8 910	9 732	9 732	10 759	10 460	10 460	9 912
金华	5 222	5 136	8 996	8 464	9 370	9 445	10 035	9 420	9 420	9 586
衢州	3 583	3 494	6 602	5 628	6 445	6 862	7 851	8 158	8 158	8 953
舟山	3 882	3 962	5 114	6 805	7 878	7 786	9 142	8 521	8 521	8 243
台州	5 582	5 465	8 683	9 210	10 073	10 065	11 804	10 968	10 968	10 820
丽水	3 632	3 553	5 458	6 038	6 811	7 051	7 811	7 895	7 895	8 013
合肥	8 390	8 246	14 971	21 259	21 645	20 386	19 759	19 884	19 884	18 127
芜湖	5 697	5 629	7 394	9 715	10 731	10 768	10 627	10 735	10 735	11 146
蚌埠	4 829	4 819	6 725	8 818	9 735	9 329	9 756	9 712	9 712	9 462
淮南	4 174	4 237	5 370	6 999	7 398	7 494	7 585	7 646	7 646	7 974
马鞍山	4 471	4 538	5 856	7 577	8 223	8 057	8 889	8 681	8 681	8 529
淮北	3 236	3 394	4 139	5 581	6 132	5 944	6 317	6 800	6 800	6 962
铜陵	3 643	3 928	4 828	6 025	6 448	6 350	6 938	6 417	6 417	6 065
安庆	4 429	4 372	5 703	7 863	8 853	8 781	8 944	8 908	8 908	9 358
黄山	5 097	5 559	6 813	9 704	10 687	9 921	10 593	7 588	10 588	10 573
滁州	4 276	4 513	5 283	7 244	8 743	8 079	8 668	9 940	9 940	10 296
阜阳	4 338	4 510	6 298	10 794	11 028	9 080	42 308	9 654	9 654	10 089
宿州	4 273	4 060	5 193	7 025	8 259	7 388	8 191	8 235	8 235	8 502
六安	3 723	4 045	4 981	7 078	8 457	7 335	7 988	9 368	9 368	9 856
亳州	3 071	3 483	4 543	6 294	7 030	6 390	7 168	8 125	8 125	8 002
池州	2 899	3 115	3 300	5 217	6 360	5 788	6 525	6 448	6 448	6 542
宣城	3 696	4 076	4 933	6 659	7 860	7 370	7 925	8 856	8 856	9 020

三、长三角市场一体化程度分析

本研究基于市场分割指数分析长三角地区的市场一体化程度。该指标是市场一体化程度的负向指标，即市场分割指数越小，表示区域市场一体化程度越高。表3-7展示了2013—2020年长三角城市的市场分割指数测度结果，从中可以看出研究期间各城市的市场分割指数在时间维度的变化。从平均水平来看，市场分割指数在研究期内呈下降趋势，即市场分割程度有所减轻，长三角区域市场一体化水平提高。从城市层面来看，2013—2020年间，长三角大部分城市的市场分割指数呈下降趋势，其中以台州市下降最为明显，由2013年的0.063下降到2020年的0.019，增长率为-70.32%。研究期内淮南市、南京市、连云港市、宁波市、合肥市、亳州市、镇江市、湖州市、蚌埠市、温州市、淮安市、衢州市、芜湖市、滁州市的市场分割指数出现了上升。其中，淮南市的市场分割指数上升最为明显，由2013年的0.034上升到2020年的0.052，增长率为50.34%，市场分割程度进一步加剧。2020年，宿州市（0.016）、台州市（0.019）、安庆市（0.020）、阜阳市（0.020）、徐州市（0.020）的市场分割指数较低，市场分割程度较轻。淮南市（0.052）、亳州市（0.038）、湖州市（0.036）、连云港市（0.035）的市场分割指数较高，市场分割程度较为严重。值得注意的是，上海、南京和苏州的市场分割指数均较高，这与陈敏等（2007）、盛斌和毛其淋（2011）的研究发现较为类似，其原因可能是这些城市身份特殊，所实施的政策不同于其他城市，同时它们的经济水平在长三角地区处于领先地位、城市面积相对较小，经济体系更独立，便于政府直接实施干预政策。

表 3-7 2013—2020 年长三角城市市场分割指数

城市	年份/年							
	2013	2014	2015	2016	2017	2018	2019	2020
上海	0.034	0.02	0.036	0.033	0.03	0.023	0.031	0.032
南京	0.023	0.046	0.031	0.036	0.041	0.029	0.031	0.034
无锡	0.029	0.042	0.043	0.024	0.05	0.03	0.123	0.026
徐州	0.035	0.022	0.054	0.024	0.038	0.028	0.039	0.02
常州	0.047	0.019	0.025	0.022	0.035	0.014	0.031	0.024
苏州	0.037	0.028	0.03	0.025	0.029	0.022	0.033	0.032
南通	0.024	0.031	0.036	0.03	0.042	0.036	0.032	0.021
连云港	0.025	0.038	0.062	0.032	0.024	0.018	0.028	0.035
淮安	0.025	0.036	0.031	0.037	0.04	0.021	0.052	0.026
盐城	0.046	0.018	0.043	0.026	0.026	0.022	0.059	0.029
镇江	0.028	0.024	0.025	0.018	0.03	0.029	0.046	0.03
杭州	0.045	0.027	0.044	0.031	0.033	0.033	0.041	0.029
宁波	0.023	0.023	0.051	0.018	0.029	0.024	0.037	0.027
温州	0.026	0.025	0.03	0.035	0.025	0.017	0.026	0.027
嘉兴	0.036	0.021	0.045	0.028	0.04	0.016	0.043	0.031
湖州	0.033	0.023	0.03	0.024	0.033	0.021	0.046	0.036
绍兴	0.026	0.034	0.031	0.02	0.078	0.021	0.064	0.022
金华	0.064	0.033	0.033	0.031	0.023	0.034	0.029	0.024
衢州	0.023	0.026	0.034	0.024	0.028	0.014	0.028	0.023
舟山	0.026	0.019	0.025	0.019	0.031	0.036	0.035	0.025
台州	0.063	0.025	0.031	0.022	0.025	0.021	0.032	0.019
丽水	0.025	0.028	0.036	0.039	0.051	0.018	0.041	0.024
合肥	0.022	0.018	0.024	0.023	0.038	0.016	0.031	0.024
芜湖	0.025	0.022	0.026	0.029	0.042	0.017	0.028	0.025
蚌埠	0.019	0.031	0.067	0.018	0.026	0.02	0.032	0.021

续表

城市	年份/年							
	2013	2014	2015	2016	2017	2018	2019	2020
淮南	0.034	0.021	0.025	0.026	0.028	0.02	0.034	0.052
马鞍山	0.026	0.026	0.033	0.02	0.047	0.034	0.031	0.026
淮北	0.027	0.02	0.023	0.02	0.026	0.015	0.027	0.023
铜陵	0.033	0.027	0.024	0.025	0.039	0.019	0.044	0.025
安庆	0.026	0.019	0.023	0.021	0.074	0.015	0.030	0.020
滁州	0.025	0.020	0.032	0.027	0.028	0.018	0.041	0.026
阜阳	0.026	0.017	0.025	0.019	0.026	0.015	0.031	0.020
宿州	0.024	0.021	0.029	0.043	0.04	0.018	0.031	0.016
六安	0.026	0.034	0.031	0.024	0.039	0.016	0.030	0.021
亳州	0.034	0.023	0.026	0.026	0.025	0.015	0.032	0.038
宣城	0.027	0.021	0.030	0.021	0.029	0.014	0.028	0.025

借助 ArcGIS 10.7 软件，采用自然断点法对 2013 年、2015 年、2017 年、2020 年长三角各城市的市场分割指数进行聚类，将市场分割指数划分为四个等级，以揭示各城市市场分割程度在地理空间上的分布，结果如表 3-8 所示。为了便于描述，本书将四个等级按照市场分割指数从低到高分别定为 1、2、3、4 等级。2013 年，市场分割指数在四个等级均有分布，分布在 1~4 等级的城市个数分别为 4、16、10、5 个。市场分割指数较高的城市主要分布在江苏和浙江。2015 年，市场分割指数集中分布在 2、3、4 等级，与 2013 年相比，市场分割程度有所加深。其中，市场分割指数分布在 3 等级的城市个数明显增多，由 10 个增加到 16 个，市场分割指数分布在 4 等级的城市个数也有所增加，达到 8 个，分布在 1、2 等级的城市个数则明显减少，1 等级城市个数直接降为 0 个，2 等级由 16 个下降至 11 个。江苏和浙江各城市的市场分割程度均有所上升。2017 年，市场分割指数在 1、2、3、4 等级均有分布，其中，分布在 4 等级的城市个数明显增多，达到 11 个，分布在 1、2 等

级的城市个数也有增加，分别增加 1 个、2 个，分布在 3 等级的城市个数则明显减少，由 16 个降为 10 个。市场分割指数较高的城市分布较为分散，各省份均有覆盖。2020 年，市场分割指数等级变化明显，市场分割程度大幅下降。其中，分布在 1 等级的城市个数明显增加，由 1 个增加至 9 个，2 等级的城市个数由 13 个增加至 14 个，分布在 4 等级的城市个数大幅减少，仅剩淮南 1 个城市。

表 3-8　典型年份长三角城市市场分割指数等级划分

城市	年份/年			
	2013	2015	2017	2020
上海	3 等级	3 等级	3 等级	3 等级
南京	2 等级	3 等级	4 等级	3 等级
无锡	3 等级	4 等级	4 等级	2 等级
徐州	3 等级	4 等级	4 等级	1 等级
常州	4 等级	2 等级	3 等级	2 等级
苏州	3 等级	3 等级	3 等级	3 等级
南通	2 等级	3 等级	4 等级	1 等级
连云港	2 等级	4 等级	2 等级	3 等级
淮安	2 等级	3 等级	4 等级	2 等级
盐城	4 等级	4 等级	2 等级	3 等级
镇江	3 等级	2 等级	3 等级	3 等级
杭州	4 等级	4 等级	3 等级	3 等级
宁波	1 等级	4 等级	3 等级	2 等级
温州	2 等级	3 等级	2 等级	2 等级
嘉兴	3 等级	4 等级	4 等级	3 等级
湖州	3 等级	3 等级	3 等级	3 等级
绍兴	2 等级	3 等级	4 等级	1 等级
金华	4 等级	3 等级	2 等级	2 等级

城市	年份/年			
	2013	2015	2017	2020
衢州	2 等级	3 等级	3 等级	2 等级
舟山	2 等级	2 等级	3 等级	2 等级
台州	4 等级	3 等级	2 等级	1 等级
丽水	2 等级	3 等级	4 等级	2 等级
合肥	1 等级	2 等级	4 等级	2 等级
芜湖	2 等级	2 等级	4 等级	2 等级
蚌埠	1 等级	4 等级	2 等级	1 等级
淮南	3 等级	2 等级	3 等级	4 等级
马鞍山	2 等级	3 等级	4 等级	2 等级
淮北	2 等级	1 等级	2 等级	1 等级
铜陵	3 等级	2 等级	4 等级	2 等级
安庆	2 等级	2 等级	4 等级	1 等级
滁州	2 等级	3 等级	3 等级	2 等级
阜阳	2 等级	2 等级	2 等级	1 等级
宿州	2 等级	3 等级	4 等级	1 等级
六安	2 等级	3 等级	4 等级	1 等级
亳州	3 等级	2 等级	2 等级	4 等级
宣城	2 等级	3 等级	3 等级	2 等级

除了上述基于 ArcGIS 的空间分析外，本研究使用核密度估计法分别绘制长三角城市市场分割指数和城市土地利用效率的核密度曲线图，以期通过刻画市场分割指数和城市土地利用效率分布的整体形态及不同时期的比较，把握研究期内两者的动态演变特征。核密度估计是一种重要的非参数估计方法，其对模型的依赖性比较弱，具有较强的稳健性，是研究不均衡分布状况的常用方法。核密度估计从样本数据自身属性特征出发，不用预设函数方程

式，避免了参数估计的主观性，可以有效反映各类要素的密度分布情况，在刻画市场分割指数与城市土地利用效率动态演变规律上具有独特优势（卢新海 等，2018b；陈丹玲，2020）。设变量 x 的密度函数为 $f(x)$，其概率密度由式（3-11）估计：

$$f(x) = \frac{1}{nh} \sum_{i=1}^{n} K\left(\frac{x_i - \bar{x}}{h}\right)$$ （3-11）

其中，$f(x)$ 为密度函数；n 表示样本城市个数；x_i 代表城市 i 的演变变量（本研究中为市场分割指数和城市土地利用效率）；$\bar{x}$ 代表演变变量的平均值；h 代表带宽；$K(\cdot)$ 为核函数，包括高斯核函数（Gaussian）、四角核函数（Quantic）、Epanechnikov 核函数等，本书选择高斯核函数估计长三角各城市的市场分割指数和城市土地利用效率的分布动态和演进趋势，高斯核函数的表达式如式（3-12）所示：

$$K(x) = \frac{1}{\sqrt{2\pi}} \exp\left(-\frac{x^2}{2}\right)$$ （3-12）

核函数作为一种加权函数，一般要满足式（3-13）：

$$\begin{cases} \lim_{x \to \infty} K(x) \cdot x = 0 \\ K(x) \geq 0, \ \int_{-\infty}^{+\infty} K(x)\mathrm{d}x = 1 \\ \sup K(x) < +\infty, \ \int_{-\infty}^{+\infty} K^2(x)\mathrm{d}x < +\infty \end{cases}$$ （3-13）

核密度估计通过密度曲线的变化来刻画变量动态演变过程。基于总体分布形态，考察变量整体分布情况、变量差异的大小和极化现象，参考的指标主要有波峰位置、波峰高度、波峰宽度、波峰数量等。其中，波峰位置反映变量整体水平，波峰位置左移说明变量值降低，波峰位置右移说明变量值变高；波峰高度和波峰宽度可以反映变量差异的大小，波峰高度变矮、波峰宽度变宽说明变量差异变大，波峰高度变高、波峰宽度变窄说明变量的差异变小；波峰数量反映极化现象，单峰说明无极化现象，多峰则说明变量存在极化现象。根据分布形态是否存在拖尾现象，也可以考察研究期内变量差异大小的变化，左拖尾拉长说明变量差异变小，右拖尾拉长说明差异变大。

图 3-1 为 2013 年、2015 年、2017 年、2020 年长三角市场分割指数核密度曲线图，从图中可以看出，核密度曲线中心先向右移后向左移，说明市场分割指数先上升后下降，长三角区域市场一体化水平先降低后提高，整体上在提升。从波峰数量上看，密度曲线由"双峰"向"单峰"转变，即市场分割指数在研究初期存在极化现象，但随着时间的推移，这种现象逐渐消失。从波峰宽度和高度上看，波峰的宽度先变宽后变窄，波峰的高度先变低后变高，说明市场分割指数的差距先变大后变小，总体上差距在变小。右拖尾现象减弱，也说明市场分割程度差异变小。

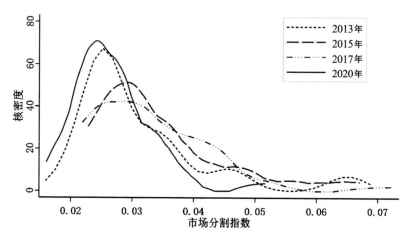

图 3-1　市场分割指数核密度曲线

四、长三角城市土地利用效率分析

2013—2020 年长三角城市土地利用效率测度结果如表 3-9 所示。从平均水平来看，长三角城市土地利用效率呈明显上升趋势。从城市层面来看，2013—2020 年间，各城市土地利用效率水平实现了不同程度的上升，与长三角平均水平保持一致。2013 年，仅无锡市（0.553）和苏州市（0.535）的效率水平超过了 0.5，其他城市的效率水平均较低，其中，江苏省的连云港市、淮安市，安徽省大部分城市的效率均在0.3以下，城市土地未得到很好的利用。2020年，有5个城市的效率达到超效率水平，分别是上海市（1.018）、无锡市（1.022）、苏州市（1.055）、温州市（1.239）和舟山市（1.022），这与经济发展水平高度相关。其中，舟山市达到了超效率水准，可能是因为本书测度的是包含非期望产出在内的效率，而舟山作为海岛城市，其污染程度较轻，相应的非期望产出较少，因而表现出效率上的高值。研究期内，各城市的土地利用效率实现了不同程度的提升。就绝对增长量而言，增长最多的是温州市（0.793）、舟山市（0.635）、上海市（0.527），增长最少的是淮南市（0.016）、阜阳市（0.012）、铜陵市（-0.011），铜陵市不增反降，是唯一效率下降的城市。就年均增长率而言，温州市（15.73%）、舟山市（14.88%）、上海市（11.03%）增长最快，淮南市（0.97%）、阜阳市（0.71%）、铜陵市（-0.43%）增长最慢，与绝对增长量高度一致。

表3-9　2013—2020年长三角城市土地利用效率

城市	年份/年							
	2013	2014	2015	2016	2017	2018	2019	2020
上海	0.491	0.513	0.547	0.673	0.810	0.951	1.009	1.018
南京	0.421	0.444	0.472	0.530	0.619	0.692	0.763	0.850
无锡	0.553	0.547	0.570	0.611	0.664	0.749	0.819	1.022
徐州	0.361	0.374	0.401	0.395	0.425	0.506	0.458	0.617
常州	0.465	0.460	0.475	0.509	0.541	0.598	0.611	0.691
苏州	0.535	0.561	0.588	0.650	0.710	0.789	0.841	1.055
南通	0.410	0.429	0.447	0.493	0.597	0.628	0.650	0.656
连云港	0.252	0.260	0.259	0.264	0.287	0.329	0.372	0.348
淮安	0.276	0.288	0.316	0.325	0.367	0.467	0.486	0.506
盐城	0.393	0.403	0.409	0.432	0.470	0.504	0.550	0.572
镇江	0.436	0.456	0.475	0.508	0.649	0.702	0.785	0.838
杭州	0.465	0.474	0.505	0.555	0.618	0.666	0.735	0.782

续表

城市	年份/年							
	2013	2014	2015	2016	2017	2018	2019	2020
宁波	0.447	0.456	0.503	0.556	0.621	0.667	0.690	0.722
温州	0.446	0.444	0.441	0.603	0.656	1.005	0.661	1.239
嘉兴	0.351	0.349	0.356	0.373	0.379	0.399	0.413	0.409
湖州	0.366	0.375	0.407	0.424	0.431	0.446	0.475	0.503
金华	0.386	0.392	0.390	0.424	0.446	0.474	0.504	0.527
衢州	0.319	0.322	0.347	0.347	0.364	0.380	0.391	0.388
舟山	0.387	0.404	0.425	0.565	0.608	0.679	1.007	1.022
台州	0.368	0.405	0.428	0.489	0.537	0.568	0.569	0.607
丽水	0.388	0.388	0.391	0.410	0.449	0.495	0.531	0.624
合肥	0.316	0.307	0.315	0.440	0.458	0.480	0.559	0.560
芜湖	0.344	0.356	0.371	0.379	0.413	0.443	0.449	0.449
蚌埠	0.234	0.227	0.229	0.272	0.328	0.344	0.355	0.369
淮南	0.231	0.216	0.185	0.181	0.193	0.200	0.211	0.247
马鞍山	0.316	0.330	0.347	0.364	0.383	0.392	0.413	0.479
淮北	0.249	0.247	0.236	0.236	0.254	0.258	0.265	0.318
铜陵	0.357	0.361	0.269	0.261	0.271	0.283	0.271	0.346
安庆	0.262	0.258	0.266	0.281	0.325	0.326	0.356	0.435
滁州	0.184	0.183	0.187	0.211	0.215	0.223	0.240	0.316
阜阳	0.226	0.211	0.205	0.201	0.199	0.201	0.232	0.238
宿州	0.250	0.249	0.246	0.259	0.286	0.301	0.341	0.370
六安	0.251	0.235	0.242	0.310	0.391	0.457	0.481	0.444
亳州	0.258	0.244	0.245	0.258	0.261	0.289	0.308	0.500
宣城	0.222	0.221	0.225	0.241	0.249	0.262	0.267	0.261

借助 ArcGIS 10.7 软件，采用自然断点法对 2013 年、2015 年、2017 年、2020 年长三角城市土地利用效率进行聚类，将城市土地利用效率划分为四个等级，以揭示其在地理空间上的分布格局，结果如表 3-10 所示。为了便于描述，本书将四个等级按照效率从低到高分别定为 1、2、3、4 等级。2013 年，35 个城市的城市土地利用效率水平较低，集中分布在 1 等级和 2 等级，其中，仅 10 个城市的土地利用效率值分布在 2 等级，25 个城市的土地利用效率值分布在 1 等级，城市土地低效利用，效率水平亟待提高。高效率城市主要是上海市、苏南以及浙江省的部分城市。与 2013 年相比，2015 年长三角城市土地利用效率分布等级几乎未发生改变，仅台州市和舟山市的效率值分布等级由 1 等级转变为 2 等级，其余城市效率分布等级保持不变，可见长三角城市土地利用效率水平提升缓慢。2017 年，城市土地利用效率水平明显提升，开始出现效率分布在 3 等级的城市，分别为上海市、苏州市、无锡市、温州市、镇江市，分布在 1 等级的城市个数明显下降，由 2015 年的 23 个减少至 16 个，分布在 2 等级的城市个数增加了 2 个。与 2017 年相比，2020 年长三角城市土地利用效率水平进一步提升，等级变化明显。1 等级城市向 2 等级转变，2 等级城市效率值不断提升，逐渐转变为 3 等级、4 等级，并出现了 5 个效率分布在 4 等级的城市，达到超效率水平，分别为上海市（1.018）、无锡市（1.022）、苏州市（1.055）、温州市（1.239）和舟山市（1.022）。尤其是舟山市，其效率直接从 2 等级上升到 4 等级，跨度明显。

表 3-10　典型年份长三角城市土地利用效率等级划分

城市	年份/年			
	2013	2015	2017	2020
上海	2 等级	2 等级	3 等级	4 等级
南京	2 等级	2 等级	2 等级	3 等级
无锡	2 等级	2 等级	3 等级	4 等级
徐州	1 等级	1 等级	2 等级	2 等级
常州	2 等级	2 等级	2 等级	3 等级

城市	年份/年			
	2013	2015	2017	2020
苏州	2 等级	2 等级	3 等级	4 等级
南通	2 等级	2 等级	2 等级	3 等级
连云港	1 等级	1 等级	1 等级	1 等级
淮安	1 等级	1 等级	1 等级	2 等级
盐城	1 等级	1 等级	2 等级	2 等级
镇江	2 等级	2 等级	3 等级	3 等级
杭州	2 等级	2 等级	2 等级	3 等级
宁波	2 等级	2 等级	2 等级	3 等级
温州	2 等级	2 等级	3 等级	4 等级
嘉兴	1 等级	1 等级	1 等级	1 等级
湖州	1 等级	1 等级	2 等级	2 等级
金华	1 等级	1 等级	2 等级	2 等级
衢州	1 等级	1 等级	1 等级	1 等级
舟山	1 等级	2 等级	2 等级	4 等级
台州	1 等级	2 等级	2 等级	2 等级
丽水	1 等级	1 等级	2 等级	2 等级
合肥	1 等级	1 等级	2 等级	2 等级
芜湖	1 等级	1 等级	2 等级	2 等级
蚌埠	1 等级	1 等级	1 等级	1 等级
淮南	1 等级	1 等级	1 等级	1 等级
马鞍山	1 等级	1 等级	1 等级	2 等级
淮北	1 等级	1 等级	1 等级	1 等级
铜陵	1 等级	1 等级	1 等级	1 等级
安庆	1 等级	1 等级	1 等级	2 等级
滁州	1 等级	1 等级	1 等级	1 等级

续表

城市	年份/年			
	2013	2015	2017	2020
阜阳	1 等级	1 等级	1 等级	1 等级
宿州	1 等级	1 等级	1 等级	1 等级
六安	1 等级	1 等级	1 等级	2 等级
亳州	1 等级	1 等级	1 等级	2 等级
宣城	1 等级	1 等级	1 等级	1 等级

图 3-2 为 2013 年、2015 年、2017 年、2020 年长三角城市土地利用效率的核密度曲线图，从图中可以看出，核密度曲线中心向右移动，说明 2013—2020 年城市土地利用效率水平不断提高。从波峰数量上看，2013 年和 2015 年的核密度曲线均为"双峰"，即城市土地利用效率存在极化现象，2017 年和 2020 年的核密度曲线波峰数量为 1 个，说明在整个研究期内密度曲线出现了"双峰"向"单峰"转变的趋势，即整个研究期内城市土地利用效率的极化现象逐渐消失。从波峰宽度上看，2013—2020 年核密度曲线的宽度逐渐变宽，说明效率水平的差距在变大。从波峰高度上看，研究期内核密度曲线一

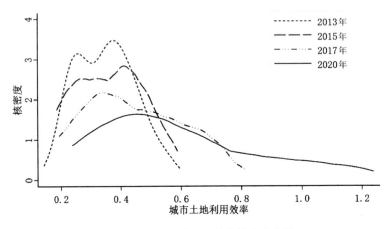

图 3-2 城市土地利用效率核密度曲线

直在变低，说明差距变大。核密度曲线出现了明显的右拖尾拉长现象，也说明城市土地利用效率的差距在变大。城市土地利用效率差距在研究期内的扩大，可能是因为在区域市场一体化推进过程中，要素向大城市集聚，小城市遭遇要素流出，使原本高效率的大城市效率水平更高，低效率小城市的效率水平更低。

除了上述分析，本研究还对城市土地利用效率是否具有空间自相关性进行了检验。具体而言，通过 Moran's I 指数的测度检验土地利用效率的空间自相关性，结果如表 3-11 所示。2011 年至 2020 年的 Moran's I 统计量均通过了 1% 显著性水平的检验，表明研究期内长三角三省一市的城市土地利用效率具有显著的空间自相关性。因而，在分析网络联系和市场一体化程度对城市土地利用效率的影响时应当考虑空间效应，以提高分析结果的准确性。

表 3-11　土地利用效率的 Moran's I 指数

年份/年	Moran's I	Z
2011	0.164***	6.013
		(0.000)
2012	0.201***	7.205
		(0.000)
2013	0.210***	7.509
		(0.000)
2014	0.216***	7.658
		(0.000)
2015	0.234***	8.224
		(0.000)
2016	0.215***	7.643
		(0.000)
2017	0.203***	7.269
		(0.000)

续表

年份/年	Moran's I	Z
2018	0.158***	5.916
	(0.000)	
2019	0.187***	6.812
	(0.000)	
2020	0.114***	4.803
	(0.000)	

注：***、**、* 分别代表在99%、95%、90%的水平上显著；括号内为 p 检验值，下同。

第四节　本章小结

本章首先介绍了研究区域的社会经济发展状况、土地利用基本情况，继而对长三角铁路网络联系、信息网络联系、市场一体化程度和城市土地利用效率进行了测度，并进行了描述性统计分析、空间布局和动态演变特征分析，主要得出如下结论。

①综合铁路网络联系的测度结果表明，2011—2014 年间长三角地区所有城市的综合铁路联系强度均有一定程度的提高，长三角核心区城市的综合铁路联系强度相较于其他城市更高，形成了以上海市、南京市、苏州市和杭州市为核心的较为显著的"核心-边缘"空间结构。江苏省综合铁路网络中除了南京市、无锡市、苏州市与徐州市，其他城市的综合铁路联系强度相对较低，南京市是江苏省综合铁路网络中连接苏南和苏北地区腹地的核心城市。浙江省综合铁路网络中杭州市的铁路联系强度较高，其他城市的综合铁路联系强度相对较低，形成了以杭州市为核心的空间格局。安徽省城市的综合铁路联系强度在长三角三省一市中处于较低水平，该省的综合铁路网络以合肥市和蚌埠市为核心，呈现由核心城市向周边城市发散的空间格局。

高铁网络联系的测度结果表明,2011—2014 年间江苏省和上海市的高铁发展较快,大幅领先于浙江省和安徽省。之后在 2014—2020 年间浙江省的高铁发展逐渐加快,安徽省的高铁发展则仍然相对滞后。长三角核心区城市的高铁联系强度相较于其他城市更高,上海市在长三角高铁网络中居于显著的核心位置。江苏省高铁网络中苏南地区的高铁联系强度明显高于苏北地区,苏南地区的核心地位较为明显。浙江省的高铁网络呈现出以杭州为中心的"单中心+周边城市"的空间格局特征。安徽省在 2011—2017 年间高铁发展速度较为缓慢,在 2017—2020 年间高铁联系强度出现了较为明显的提升。与综合铁路网络较为均衡的空间格局有所不同,受"虹吸效应"的影响,高铁网络的空间格局呈现了显著的非均衡特征。

②信息网络联系的测度结果表明,上海市、南京市、杭州市及合肥市这四个直辖市和省会城市的信息联系强度高,在长三角信息网络中处于显著的核心地位,苏州市的信息联系强度也相对较高。从整体上看,长三角信息网络形成了"一主三副一从+周边城市"的空间格局,上海市为主中心,南京市、杭州市及合肥市为副中心,苏州市为"一从"。信息网络与综合铁路网络和高铁网络较为不同的一点是,所有城市之间都有联系。随着网络技术的普及,研究期内几乎所有城市的信息联系强度均有较为显著的提升。

③从整体上看,2011—2014 年间长三角地区大部分城市的市场分割指数呈下降趋势,表明区域市场一体化水平逐渐提高。从空间分布上看,上海市、江苏省和浙江省的市场分割指数较高,区域市场一体化程度相对较低。从动态演变上看,研究期内市场分割指数核密度曲线由"双峰"向"单峰"转变,极化现象逐渐消失,市场分割指数的差距先变大后变小,总体上差距在变小。

④从整体上看,研究期内长三角城市土地利用效率呈现明显上升趋势,各城市的土地利用效率水平均实现了不同程度的上升。从空间分布上看,上海、苏南及浙江的部分城市土地利用效率较高。从动态演变上看,研究期内城市土地利用效率核密度曲线由"双峰"向"单峰"转变,极化现象逐渐消失,效率水平的差距逐渐变大。

第四章

网络联系对长三角城市土地利用效率
影响的实证分析

第二章构建了研究的理论分析框架，分析了铁路网络联系、信息网络联系对城市土地利用效率的直接影响机理，以及铁路网络联系、信息网络联系通过影响创新水平、产业结构等间接作用于城市土地利用效率的影响机理。第三章对铁路网络联系强度、信息网络联系强度和城市土地利用效率的测度方法进行了介绍。本章在前两章的基础上，利用长三角地区三省一市的数据，通过构建和估计计量模型，实证考察铁路网络联系、信息网络联系对城市土地利用效率的影响效应与影响机理，并进一步分析铁路网络联系、信息网络联系影响的空间溢出效应。

第一节　计量模型设定

1. 非空间面板数据模型

为检验网络联系对城市土地利用效率的直接影响，构造了如下非空间面板数据模型进行初步检验分析：

$$Y_{it} = c_0 + c_1 \text{NET}_{it} + \sum_{m=1}^{n} p_m X_{mit} + \varepsilon_{it} \qquad (4-1)$$

其中，Y_{it} 表示 i 市 t 年的土地利用效率；c_0 表示常数项，c_1 表示网络联系强度的系数；NET_{it} 表示 i 市 t 年的网络联系强度；p_m 表示控制变量的回归系数；

X_{mit} 表示模型中的一系列控制变量；ε_{it} 表示随机干扰项。本章研究中对综合铁路联系强度、高铁联系强度、信息联系强度及综合网络联系强度分别进行了测度，并分别以这些变量作为核心解释变量进行回归分析。

为了进一步检验各类网络联系对城市土地利用效率的间接影响机制，本研究选取中介效应模型进行检验。基于第二章的理论分析，本研究构建以市场规模、技术创新水平和产业结构合理化指数为中介变量的中介效应模型。本研究中中介效应的检验主要分为以下三个步骤：第一步是构建和估计网络联系对城市土地利用效率影响效应的固定效应模型，第二步是构建和估计网络联系对上述三个中介变量的影响效应的检验模型，第三步是将中介变量带入第一步模型中进行进一步的中介效应模型检验。以下为所构建的模型：

$$\text{Medrator}_{it} = d_0 + d_1 \text{NET}_{it} + \sum_{m=1}^{n} p_m X_{mit} + \varepsilon_{it} \tag{4-2}$$

$$Y_{it} = \lambda_0 + \lambda_1 \text{NET}_{it} + \lambda_2 \text{Medrator}_{it} + \sum_{m=1}^{n} p_m X_{mit} + \varepsilon_{it} \tag{4-3}$$

其中，Medrator_{it} 为各项中介变量；其余变量含义与式（4-1）中的变量含义相同。如果网络联系显著影响了市场规模、技术创新水平和产业结构合理化指数，进而对城市土地利用效率产生了显著影响，则系数 d_1 和 λ_2 都应该是显著的，相应的中介效应为 $d_1\lambda_2$。

2. 网络联系溢出效应的空间计量检验

由于经济活动存在着广泛的空间联系，因而本研究进一步通过构建和估计空间面板模型分析网络联系对城市土地利用效率的影响及空间溢出效应。

常用的空间计量模型主要包括空间滞后模型、空间误差模型和空间杜宾模型。其中，空间杜宾模型综合了其他两种模型的特征，能够同时反映解释变量和被解释变量的空间滞后项的影响。空间滞后模型（spatial autoregressive model，SAR）的一般形式为

$$Y_{it} = \rho \sum_{j=1}^{N} W_{ij} Y_{jt} + \beta X_{it} + \mu_i + \varphi_t + \varepsilon_{it} \tag{4-4}$$

空间误差模型（spatial error model，SEM）的一般形式为

$$Y_{it} = \beta X_{it} + \lambda_{it}$$

$$\lambda_{it} = \sum_{j=1}^{N} \omega W_{ij} Y_{jt} + \mu_i + \varphi_t + \varepsilon_{it} \tag{4-5}$$

空间杜宾模型（spatial Durbin model，SDM）的一般形式为

$$Y_{it} = \rho \sum_{j=1}^{N} W_{ij} Y_{jt} + \beta X_{it} + \sum_{j=1}^{N} \theta W_{ij} X_{jt} + \mu_i + \varphi_t + \varepsilon_{it} \tag{4-6}$$

其中，Y_{it} 是被解释变量，为 i 市在 t 年的城市土地利用效率；ρ 是回归系数；W 是 $N \times N$ 阶的经济空间权重矩阵，本研究中 N 为 40，代表长三角地区 40 个地级及以上城市；$W_{ij} Y_{jt}$ 表示与 i 相邻的地级市 Y_{jt} 对 Y_{it} 的交互影响；X_{it} 表示 i 市在 t 年的各个解释变量；$W_{ij} X_{jt}$ 代表与 i 相邻的地级市 X_{jt} 对 X_{it} 的交互影响；β 是解释变量的弹性系数；θ 是解释变量空间滞后项的弹性系数；μ_i 表示个体固定效应；φ_t 表示时间固定效应；ε_{it} 是随机误差项。

第二节　变量选取与数据说明

一、被解释变量

本章研究中的被解释变量为城市土地利用效率，即为采用第三章超效率 SBM 模型测度所得的城市土地利用相对效率。

二、核心解释变量

采用第三章中介绍的网络联系强度的测度方法，分别对综合铁路网络联系强度（railway）、高铁联系强度（hrailway）、信息联系强度（message）及综合网络联系强度进行了测度，并分别以这些变量作为核心解释变量进行了回归分析。

三、控制变量

城市土地利用效率除了受到网络联系强度的影响，还会受到一些其他因素的影响，本章研究中选取的控制变量如下。

第一，市场规模（stay）：城市市场规模是影响城市范围内集聚效应形成的关键因素（Howell et al.，2020；刘修岩 等，2017），集聚效应又决定着城市内部资源利用水平（Rosenthal and Strange，2020；林伯强、谭睿鹏，2019），选用城市人口规模表征市场规模。

第二，技术创新水平（innovation）：在现有的文献中，学者们对于技术创新水平的度量主要是根据创新投入和创新产出来进行测算的。学者们发现，创新产出水平更适合用来度量技术创新水平。本书效仿已有文献中的测度方法，采用发明专利授权数的对数值作为城市技术创新水平的代理变量（陈丹玲 等，2021）。

第三，产业结构合理化指数（structure）：已有文献中多选取第二产业增加值与第三产业增加值的比值作为代表产业结构合理化指数的代理变量，本章研究中也选择此测度方式。

第四，经济发展水平（economy）：在现有的文献中，经济发展水平一直被作为影响城市土地利用效率的关键影响因素（陈伟、吴群，2014；陈丹玲 等，2021）。长三角地区是中国经济发展水平较高的城市群之一，其内部城市间的经济水平差距仍然存在。经济发展水平的参差不齐导致了土地利用技术水平的差异，进而影响城市土地利用效率。本章研究中选取人均 GDP（万元）代表经济发展水平。

第五，人口密度（people）：人口密度是反映一个地区发展水平的重要指标之一，人口密度也在一定程度上反映了土地利用的集约程度，本章研究中选取该指标作为控制变量之一。人口密度的测算公式为

地区常住人口（万人）/行政区域土地面积（km^2）

第六，利用外资水平（foreign）：外资的注入进一步拉动地区各产业的发

展。通过城市统计年鉴收集了各地区 2011—2020 年的外资金额。由于单纯考虑外资金额可能会出现数据相差过大的情况，本研究中将地区生产总值也考虑在内，使用当年实际使用外资金额（万元）与当年地区生产总值（万元）的比值来表征利用外资水平。

第七，财政支出水平（expenditure）：政府的财政支出能够促进基础设施条件的改善、公共服务水平的提升，进而推动社会经济的全面发展并提高城市土地利用效率。采用地方财政预算内支出（万元）与当年地区生产总值（万元）的比值来表征财政支出水平。

第八，路网密度（road）：城市交通越便利、可达性越强，城市土地利用效率通常也越高。选取路网密度（km/km^2）考察交通便利程度对城市土地利用效率的影响。路网密度的测算公式为

公路里程（km）/行政区域土地面积（km^2）。

第九，科学技术支出水平（science）：政府增加科技方面的投入能促进创新技术的研发，提高土地生产力，进而提高城市土地利用效率。用科学技术支出在地方财政一般预算内支出中所占的比重来表征科学技术支出水平。

第十，教育发展水平（education）：地区教育发展水平越高，越能带动地区创新发展、科技进步，进而促进土地利用效率的提升。选取各城市的每万人普通高等学校学生数来表征教育发展水平。

第十一，金融发展状况（finance）：金融发展状况是影响资源配置效率的重要因素。金融发展水平的提升有助于优化资本在不同地区、不同行业间的配置。选取年末金融机构贷款余额（万元）与地区生产总值（万元）的比值来表征金融发展状况的高低。

第三节　综合铁路网络联系对城市
土地利用效率的影响

一、综合铁路网络联系对城市土地利用效率的直接影响

该部分选取了综合铁路网络中各城市的点度中心度作为核心解释变量，城市土地利用效率作为被解释变量，选取的控制变量为经济发展水平、人口密度、路网密度、教育发展水平、科学技术支出水平及金融发展状况，采用了包含时间特异效应和地区特异效应的双向固定效应模型，模型估计结果如表4-1所示。

表4-1　综合铁路网络联系对城市土地利用效率的直接影响

被解释变量	城市土地利用效率							
	(1)	(2)	(3)	(4)	(5)	(6)	(7)	(8)
railway	0.076***	0.047**	0.037**	0.038**	0.036**	0.032*	0.032*	0.030*
	(0.000)	(0.001)	(0.009)	(0.008)	(0.012)	(0.026)	(0.028)	(0.040)
economy		0.005***	0.005***	0.037***	0.038***	0.041***	0.040***	0.039***
		(0.000)	(0.000)	(0.000)	(0.000)	(0.000)	(0.000)	(0.000)
people			2.051***	2.102***	2.122***	2.029***	2.024***	2.059***
			(0.000)	(0.000)	(0.000)	(0.000)	(0.000)	(0.000)
road				−0.042	−0.034	−0.029	−0.029	−0.025
				(0.184)	(0.260)	(0.344)	(0.340)	(0.424)
expenditure					0.161	0.104	0.106	0.178
					(0.320)	(0.527)	(0.522)	(0.305)
education						−0.248*	−0.248*	−0.251*
						(0.042)	(0.042)	(0.048)

续表

被解释变量	城市土地利用效率							
	(1)	(2)	(3)	(4)	(5)	(6)	(7)	(8)
science							0.048	0.079
							(0.900)	(0.835)
finance								−0.047
								(0.167)
时间固定	Yes	Yes	Yes	Yes	Yes	Yes	Yes	Yes
地区固定	Yes	Yes	Yes	Yes	Yes	Yes	Yes	Yes
观测量	400	400	400	400	400	400	400	400

注：①***表示在1%的统计水平上显著，**表示在5%的统计水平上显著，*表示在10%的统计水平上显著；②回归系数下的括号内数据为标准误。

通过运用长三角三省一市40个地级市（未包含舟山市）2011—2020年的面板数据进行逐步回归，发现综合铁路网络点度中心度这一变量在表4-1的各模型中均具有较高的显著性水平且系数的符号均为正，表明在其他条件不变的情况下，铁路网络点度中心度较高的城市的土地利用效率也相对较高，即综合铁路网络联系强度的提高有助于促进城市土地利用效率的提升。

第二章的理论分析指出，铁路网络联系强度的提升能够带来市场可达性的增加，直接降低运输和交易成本，加速区域间的要素流动并提高资源配置效率，同时加强地区间的人员流动性、降低人员流动成本，这些因素均有助于促进城市土地利用效率的提升。控制变量方面，经济发展水平与人口密度在逐步回归中均在1的水平上显著且系数均为正，说明经济发展水平的提升与人口密度的增加均会对城市土地利用效率的提升产生正向影响。人均GDP代表着一个城市的经济发展水平，经济发展水平较高的城市的土地集约化利用程度通常更高，高新技术产业的分布更加密集，因而其土地利用效率通常也更高。人口密度的提升会直接带来土地开发程度的上升，人口密度也与集聚正外部性的产生密切相关，因而一个城市的人口密度通常与其土地利用效率呈正相关关系。值得注意的是，路网密度和教育发展水平变量的影响系数的符号与理论预期不符，路网密度的影响系数不显著，教育发展水平的影响系数在1%的显著性水平上显著为负。第二章的理论分析指出，路网密度的提高有助于提升交通运输的便捷性，并通过降低运输成本、加速城市之间要素资源的流动来推动城市土地利用效率的提升，因而理论预期路网密度会对城市土地利用效率产生正向影响。然而，表4-1的回归结果中路网密度的影响系数的符号为负，表明路网密度对城市土地利用效率产生了负向影响。其原因可能在于，路网密度的上升在提升交通运输便捷性的同时，也可能会产生交通拥堵、环境污染等集聚负外部性，而集聚负外部性会增加企业的生产成本，不利于城市土地利用效率的提升。当集聚负外部性所产生的负向影响超过交通运输便捷性提升所带来的正向影响时，路网密度对城市土地利用效率的净效应就可能为负。第二章的理论分析指出，一个城市的普通高等学校在校学生数量越多、人才聚集程度越高，则越有利于促进知识和技术密集型产业的发展，进而推动城市土地利用效率的提升，因而理论预期认为普通高等学校在校学生数量会对城市土地利用效率产生正向影响。然而，表4-1的回归结果中普通高等学校在校学生数量的影响系数的符号为负，表明普通高等学校在校学生数量对城市土地利用效率产生了负向影响。其原因可能在于两个方面：一是普通高等学校的范围较大，不仅包含了本科院校，也包含了专科院校，即使是本科院校内部也有学校层级、办学条件的差异（如分为普通院校、重点院校或部署院校、省属院校、市属院校等不同层级），因而普通高等学校在校学生数量仅能在一定程度上反映人才的数量规模，而并不能够充分反映高层次人才的质量状况；二是高校学生毕业后并不一定都会选择本地就业，因而普通高等学校在校学生数量仅能够表征某一城市人力资本的潜在水平，而并不一定能够充分反映实际水平。在其他控制变量中，科学技术支出水平和金融发展状况的影响系数不显著。

二、综合铁路网络联系对城市土地利用效率影响的空间溢出效应

第二章的分析中对城市土地利用效率的空间自相关性进行了检验，发现

2011—2020 年间长三角三省一市的城市土地利用效率具有显著的空间集聚效应，故在上文的初步回归的基础上，引入了地理距离空间权重矩阵进行空间计量模型的检验。地理距离权重矩阵的元素 W_{ij} 的设定为 $W_{ij} = 1/d_{ij}$，其中，d_{ij} 表示城市 i 和城市 j 之间的地理距离。在空间计量分析前需要进行相关检验以确定空间面板模型的具体形式。首先进行拉格朗日乘数（Lagrange multiplier，LM）检验，以便在空间滞后模型、空间误差模型和空间杜宾模型这三种模型中作出选择。检验结果表明 LM-ERR 统计量与 LM-LAG 统计量的值分别为 46.753 与 64.585，且都通过了 1% 的显著性检验，稳健 LM-ERR 统计量与稳健 LM-LAG 统计量的值分别为 5.171 和 23.003，且均通过了 1% 的显著性检验，因此应选择相较于空间滞后模型和空间误差模型更为综合的空间杜宾模型。其次对模型进行了 Hausman 检验，来确定使用固定效应模型还是随机效应模型，结果如表 4-2 所示。从表 4-2 可以看出，Hausman 检验在 1% 的显著性水平上拒绝了随机效应的原假设，因而应使用固定效应模型进行估计。

表 4-2 综合铁路网络模型的 Hausman 检验结果

系数	固定效应	随机效应	固定效应和随机效应的差值
railway	0.053	0.033	0.020
economy	0.018	0.022	−0.004
people	1.643	0.670	0.973
road	0.011	−0.032	0.043
expenditure	0.117	−0.122	0.239
education	−0.127	−0.140	0.013
science	0.423	0.340	0.083
finance	−0.056	−0.009	−0.047

综合铁路网络空间面板模型的回归结果如表 4-3 所示。首先分析空间滞后模型和空间误差模型的回归结果。空间滞后模型的空间效应系数 ρ 的值为

0.598，空间误差模型的空间效应系数 λ 的值为 0.693，且均通过了 1% 的显著性水平检验，表明在分析铁路联系强度对城市土地利用效率的影响时应当充分考虑空间效应。空间滞后模型的拟合优度值（0.6135）大于空间误差模型的拟合优度值（0.5923），表明空间滞后模型对数据的拟合程度更高，因而应考虑被解释变量的空间滞后项对城市土地利用效率的影响。在空间滞后模型和空间误差模型中，核心解释变量综合铁路网络联系强度的影响系数均在 1% 的统计水平上显著为正，表明铁路网络联系强度的提高对城市土地利用效率产生了显著的正向影响。控制变量方面，与普通面板模型的回归结果一致，经济发展水平和人口密度的影响系数均为正，且均在 1% 的统计水平上显著，表明这两个变量均对城市土地利用效率具有显著的正向影响。值得注意的是，与普通面板模型的回归结果相比，这两个变量的影响系数的数值有所降低，表明经济发展水平和人口密度对城市土地利用效率的提升作用有所减弱。在空间杜宾模型中，空间效应系数 ρ 的值为 0.648，且在 1% 的统计水平上显著为正。核心解释变量综合铁路网络联系强度及其空间滞后项的影响系数的符号均为正，且均通过了 1% 的显著性水平检验，表明综合铁路网络联系对城市土地利用效率产生了显著的正向直接影响，且该影响具有显著的空间外溢性。经济发展水平和人口密度这两个控制变量的影响系数也依旧显著为正。这两个变量的空间滞后项的影响系数虽然显著性水平有所降低，但也均在 5% 的统计水平上显著为正，表明经济发展水平和人口密度对城市土地利用效率产生了显著的正向空间溢出效应。路网密度并不显著但其空间滞后项显著为负，表明路网密度对城市土地利用效率产生了负向的空间溢出效应。通过对比空间滞后模型、空间误差模型和空间杜宾模型，发现空间杜宾模型的拟合优度最高（0.7195），表明空间杜宾模型的拟合效果最好。

表4-3 综合铁路网络联系影响的空间溢出效应

被解释变量	城市土地利用效率		
	空间滞后模型	空间误差模型	空间杜宾模型
R^2	0.613 5	0.592 3	0.719 5
railway	0.021***	0.036***	0.053***
	(0.000)	(0.000)	(0.000)
economy	0.026***	0.047***	0.018**
	(0.000)	(0.000)	(0.008)
people	2.038***	1.803***	1.643***
	(0.000)	(0.000)	(0.000)
road	−0.032	0.011	0.011
	(0.217)	(0.690)	(0.720)
expenditure	−0.127	0.004	0.117
	(0.422)	(0.984)	(0.522)
education	−0.172	−0.247	−0.127 .
	(0.200)	(0.066)	(0.356)
science	0.023	0.209	0.423
	(0.949)	(0.569)	(0.240)
finance	−0.100	0.001	−0.056
	(0.732)	(0.990)	(0.092)
$W_{railway}$			0.164***
			(0.000)
$W_{economy}$			0.040*
			(0.048)
W_{people}			0.677*
			(0.017)
W_{road}			−0.340*
			(0.014)

续表

被解释变量	城市土地利用效率		
	空间滞后模型	空间误差模型	空间杜宾模型
$W_{expenditure}$			−0.200
			(0.747)
$W_{education}$			0.496
			(0.297)
$W_{science}$			−2.885
			(0.185)
$W_{finance}$			0.203
			(0.096)
ρ	0.598***		0.648***
	(0.000)		(0.000)
λ		0.693***	
		(0.000)	
似然值	563.189 7	565.783 0	571.845 2

注：①***表示在1%的统计水平上显著，**表示在5%的统计水平上显著，*表示在10%的统计水平上显著；②回归系数下的括号内为标准误。

三、综合铁路网络联系对城市土地利用效率的间接影响

第二章中的理论分析指出，综合铁路网络联系能够通过影响创新水平和市场规模来间接影响城市土地利用效率，本节对相关理论假说进行检验。关于创新水平和市场规模这两个中介变量的检验主要分为两个步骤：一是检验综合铁路网络联系强度是否对这两个中介变量产生了显著影响；二是分别将这两个中介变量引入前文所述的固定效应模型中，检验综合铁路网络联系强度、创新水平及市场规模是否对城市土地利用效率具有显著影响，相关检验结果见表4-4、表4-5和表4-6。

在表4-4所显示的回归结果中，被解释变量为创新水平，核心解释变量

为综合铁路网络联系强度，控制变量选取的是人口密度、经济发展水平、科学技术支出水平、利用外资水平、教育发展水平及金融发展状况。从表4-4中可以看出，在逐步回归中，综合铁路网络联系强度对创新水平的影响均显著为正，表明随着综合铁路网络联系强度的提高，城市的创新水平也会相应提高。其原因可能在于，综合铁路网络联系强度的提高提升了劳动力和其他要素资源流动的便捷性，有利于不同地区的研发人员进行交流合作，并能够提升创新人才市场上的供需匹配效率。控制变量方面，人口密度与人均GDP这两个变量的影响系数的符号为正，且均通过了1%的显著性水平检验。人口密集的城市中企业之间的空间邻近性更高，更容易产生知识溢出和技术扩散，进而促进创新产出的增长。经济发达城市的基础设施、市场体系更加完善，有更好的孕育创新的制度和市场环境，同时由于能够提供更好的待遇和发展机会，对高端人才的吸引力也更强，因而经济发展水平和城市土地利用效率之间呈现正相关的关系。

表4-4　综合铁路网络联系对创新水平的影响

被解释变量	创新水平							
	(1)	(2)	(3)	(4)	(5)	(6)	(7)	(8)
railway	4.651**	3.958*	3.246*	3.234*	3.249*	3.547*	4.557*	4.666*
	(0.003)	(0.012)	(0.035)	(0.036)	(0.036)	(0.023)	(0.014)	(0.013)
people		11.461**	12.273**	12.775**	12.087**	13.689**	14.192***	14.168***
		(0.002)	(0.001)	(0.001)	(0.001)	(0.001)	(0.000)	(0.000)
economy			0.127***	0.127***	0.128***	0.130***	0.137***	0.139***
			(0.000)	(0.000)	(0.000)	(0.000)	(0.000)	(0.000)
science				4.706	4.039	-0.095	14.521	14.566
				(0.911)	(0.924)	(0.998)	(0.746)	(0.746)
foreign					4.787	6.892	6.787	5.800
					(0.920)	(0.884)	(0.886)	(0.903)

续表

被解释变量	创新水平							
	(1)	(2)	(3)	(4)	(5)	(6)	(7)	(8)
education						22.299	17.624	18.217
						(0.152)	(0.277)	(0.263)
finance								1.672
								(0.639)
时间固定	Yes	Yes	Yes	Yes	Yes	Yes	Yes	Yes
地区固定	Yes	Yes	Yes	Yes	Yes	Yes	Yes	Yes
观测量	400	400	400	400	400	400	400	400

注：①***表示在1%的统计水平上显著，**表示在5%的统计水平上显著，*表示在10%的统计水平上显著；②回归系数下的括号内为标准误。

在表4-5所显示的回归结果中，核心解释变量依旧是综合铁路网络联系强度，被解释变量为市场规模，本研究选取常住人口数量表征城市市场规模。从表4-5中可以看出，在逐步回归中，综合铁路网络联系强度的影响系数的符号均为正，且在1%的统计水平上显著，表明综合铁路网络联系强度的提高推动了城市市场规模的扩大。控制变量方面，人口密度的影响系数均显著为正，经济发展水平的影响系数在大多数模型中也显著为正。人口密度高、经济发展水平高的城市通常对于各类要素资源具有较强的吸引力，能够发挥集聚效应的"向心力"，促进城市市场规模的进一步扩大。综合表4-4和表4-5的结果可以发现，综合铁路网络联系强度对于城市创新水平与市场规模均具有显著的正向影响。

表4-5 综合铁路网络联系对市场规模的影响

被解释变量	市场规模						
	(1)	(2)	(3)	(4)	(5)	(6)	(7)
railway	0.055***	0.051***	0.052***	0.052***	0.052***	0.051***	0.052***
	(0.000)	(0.000)	(0.000)	(0.000)	(0.000)	(0.000)	(0.000)

续表

被解释变量	市场规模						
	（1）	（2）	（3）	（4）	（5）	（6）	（7）
people		0.743***	0.751***	0.806***	0.807***	0.813***	0.804***
		（0.000）	（0.000）	（0.000）	（0.000）	（0.000）	（0.000）
economy			−0.002	−0.005**	−0.005**	−0.005**	−0.004*
			（0.349）	（0.002）	（0.004）	（0.008）	（0.011）
road				−0.042***	−0.042***	−0.040***	−0.041***
				（0.000）	（0.000）	（0.000）	（0.000）
foreign					0.017	−0.009	−0.003
					（0.894）	（0.945）	（0.983）
expenditure						0.060	0.042
						（0.207）	（0.397）
finance							0.011
							（0.247）
时间固定	Yes	Yes	Yes	Yes	Yes	Yes	Yes
地区固定	Yes	Yes	Yes	Yes	Yes	Yes	Yes
观测量	400	400	400	400	400	400	400

注：①***表示在1%的统计水平上显著，**表示在5%的统计水平上显著，*表示在10%的统计水平上显著；②回归系数下的括号内为标准误。

在中介效应的下一步检验中，将创新水平和市场规模这两个中介变量分别代入原固定效应模型进行回归，回归结果如表4-6所示。从表4-6的回归结果看，模型（1）中综合铁路网络联系的影响系数的符号为正但显著性水平不高，模型（2）中综合铁路网络联系的影响系数不显著，同时创新水平以及市场规模这两个变量的影响系数也均不显著，表明综合铁路网络联系并未通过推动创新产出增长、市场规模扩大这两个渠道促进城市土地利用效率的提升。其背后的原因可能在于，虽然综合铁路网络联系能够促进创新水平提升和市场规模扩大，但影响程度相对较低，并不足以对城市土地利用效率产生实质性的影响。因而有理由认为，综合铁路网络联系可能通过其他渠道促进城市土地利用效率的提升。

表4-6　综合铁路网络联系对城市土地利用效率的间接影响

被解释变量	城市土地利用效率	
	（1）	（2）
railway	0.029*	0.029
	（0.045）	（0.092）
innovation	0.038	
	（0.456）	
stay		0.014
		（0.946）
economy	0.039***	0.040***
	（0.000）	（0.000）
people	2.010***	2.050***
	（0.000）	（0.000）
road	−0.222	−0.024
	（0.474）	（0.453）
expenditure	0.151	0.177
	（0.395）	（0.307）
education	−0.260	−0.248
	（0.078）	（0.101）
science	0.076	0.070
	（0.841）	（0.862）
finance	−0.046	−0.047
	（0.173）	（0.167）
时间固定	Yes	Yes

续表

被解释变量	城市土地利用效率	
	(1)	(2)
地区固定	Yes	Yes
观测量	400	400

注：①***表示在1%的统计水平上显著，**表示在5%的统计水平上显著，*表示在10%的统计水平上显著；②回归系数下的括号内为标准误。

四、综合铁路网络中间中心度对城市土地利用效率的影响

为考察综合铁路网络中各城市的中转、桥梁作用是否有助于促进土地利用效率的提升，以综合铁路网络中间中心度（between）作为核心解释变量进行回归分析，结果如表4-7所示。从表4-7可以看出，综合铁路网络中间中心度的影响系数不显著，表明该变量并未对城市土地利用效率产生显著影响。其原因可能在于，有些城市虽然在铁路网络中发挥了沟通其他城市的中转、桥梁作用，但这些城市是否能够吸引资源要素流入归根结底还是要考察其经济发展水平、产业发展状况等，因而铁路网络中间中心度的提升并不一定带来城市土地利用效率的提升。在控制变量中，经济发展水平和人口密度的影响系数依然显著为正。

表4-7 综合铁路网络中间中心度对城市土地利用效率的影响

被解释变量	城市土地利用效率							
	(1)	(2)	(3)	(4)	(5)	(6)	(7)	(8)
between	−0.015*	0.007	0.004	0.004	0.004	0.005	0.004	0.005
	(0.022)	(0.910)	(0.544)	(0.492)	(0.470)	(0.447)	(0.446)	(0.455)
economy		0.049***	0.045***	0.042***	0.043***	0.045***	0.045***	0.044***
		(0.000)	(0.000)	(0.000)	(0.000)	(0.000)	(0.000)	(0.000)
people			2.176***	2.231***	2.250***	2.126***	2.114***	2.147***
			(0.000)	(0.000)	(0.000)	(0.000)	(0.000)	(0.000)

续表

被解释变量	城市土地利用效率							
	(1)	(2)	(3)	(4)	(5)	(6)	(7)	(8)
road				−0.041	−0.034	−0.027	−0.028	−0.023
				(0.178)	(0.274)	(0.372)	(0.360)	(0.455)
expenditure					0.210	0.135	0.138	0.218
					(0.197)	(0.414)	(0.405)	(0.208)
education						−0.301*	−0.302*	−0.301*
						(0.039)	(0.039)	(0.039)
science							0.109	0.141
							(0.775)	(0.712)
finance								−0.053
								(0.114)
时间固定	Yes	Yes	Yes	Yes	Yes	Yes	Yes	Yes
地区固定	Yes	Yes	Yes	Yes	Yes	Yes	Yes	Yes
观测量	400	400	400	400	400	400	400	400

注：①***表示在1%的统计水平上显著，**表示在5%的统计水平上显著，*表示在10%的统计水平上显著；②回归系数下的括号内为标准误。

第四节　高铁网络联系对城市土地利用效率的影响

一、高铁网络联系对城市土地利用效率的直接影响

高铁对城市经济发展、产业结构升级、创新产出增长等方面的显著影响在既有研究中已得到了证明，且与普通铁路网络相比，高铁对要素流动的促

进作用更加明显，更有利于优化不同城市之间的要素配置。本部分选取高铁网络点度中心度作为核心解释变量，城市土地利用效率作为被解释变量，选取经济发展水平、人口密度、路网密度、金融发展状况、科学技术支出水平、教育发展水平及利用外资水平作为控制变量，采用包含时间特异效应和地区特异效应的双向固定效应模型，模型估计结果如表4-8所示。从表4-8中可以看出，在逐步回归中，高铁网络联系强度的影响系数均为正，且通过了1%或5%统计水平的显著性检验，表明高铁网络联系强度的提升对城市土地利用效率产生了显著的正向影响。与表4-1中综合铁路网络联系强度的影响系数相比，表4-8中高铁网络联系强度的影响系数的值更大，表明高铁网络联系对城市土地利用效率具有更大幅度的提升作用。其原因可能在于，与普通铁路相比，高铁能够更加显著地降低要素和商品的运输成本、劳动力的迁移成本和技术的扩散成本，从而更加显著地促进资源配置优化和产出增长，进而推动土地利用效率的提升。值得注意的是，由于高铁网络中虹吸效应和扩散效应的存在，高铁联系强度对区域中心城市和非中心城市土地利用效率的边际影响可能存在着差异。控制变量中，经济发展水平与人口密度的影响系数的符号均为正，且通过了1%统计水平的显著性检验，表明这两个变量对城市土地利用效率的提升具有显著的正向影响。与综合铁路网络联系模型的估计结果相比，高铁网络联系模型中经济发展水平与人口密度的影响系数的值有所降低。其他控制变量中，路网密度、金融发展状况、科学技术支出水平和教育发展水平的影响系数均不显著。利用外资水平的影响系数的符号为负，表明利用外资水平的提升对城市土地利用效率产生了负向影响。其原因可能在于，外资企业通过投资对产生污染的生产环节进行了转移，即符合"污染避难所"假说。

表4-8 高铁网络联系对城市土地利用效率的直接影响

被解释变量	城市土地利用效率							
	（1）	（2）	（3）	（4）	（5）	（6）	（7）	（8）
hrailway	0.109***	0.073***	0.057***	0.057***	0.056***	0.057***	0.051**	0.051**
	（0.000）	（0.000）	（0.000）	（0.000）	（0.000）	（0.000）	（0.001）	（0.001）
economy		0.038***	0.036***	0.033***	0.032***	0.032***	0.034***	0.031***
		（0.000）	（0.000）	（0.000）	（0.000）	（0.000）	（0.000）	（0.000）
people			1.893***	1.944***	1.964***	1.964***	1.902***	1.876***
			（0.000）	（0.000）	（0.000）	（0.000）	（0.000）	（0.000）
road				−0.038	−0.036	−0.036	−0.030	−0.025
				（0.199）	（0.220）	（0.244）	（0.316）	（0.398）
finance					−0.033	−0.033	−0.036	−0.036
					（0.300）	（0.300）	（0.254）	（0.258）
science						0.005	0.036	0.159
						（0.988）	（0.923）	（0.675）
education							−0.219	−0.209
							（0.130）	（0.148）
foreign								−0.812
								（0.066）
时间固定	Yes	Yes	Yes	Yes	Yes	Yes	Yes	Yes
地区固定	Yes	Yes	Yes	Yes	Yes	Yes	Yes	Yes
观测量	400	400	400	400	400	400	400	400

注：①***表示在1%的统计水平上显著，**表示在5%的统计水平上显著，*表示在10%的统计水平上显著；②回归系数下的括号内为标准误。

二、高铁网络联系对城市土地利用效率影响的空间溢出效应

为考察高铁网络联系对城市土地利用效率影响的空间溢出效应，进一步基于地理距离空间权重矩阵进行空间计量分析。首先，对模型进行LM检验，

以确定应使用空间滞后模型、空间误差模型还是空间杜宾模型。检验结果表明 LM-ERR 统计量与 LM-LAG 统计量的值分别为 48.597 与 61.254，且都通过了 1% 统计水平的显著性检验，稳健 LM-ERR 统计量与稳健 LM-LAG 统计量的值分别为 9.286 和 34.025，且都通过了 1% 统计水平的显著性检验，因此应选择相较于空间滞后模型和空间误差模型更为综合的空间杜宾模型。其次，对模型进行了 Hausman 检验，以确定应使用固定效应模型还是随机效应模型，结果如表 4-9 所示。从表 4-9 中可以看出，Hausman 检验在 1% 的显著性水平上拒绝了随机效应的原假设，因而应使用固定效应模型进行估计。

表 4-9　高铁网络模型的 Hausman 检验结果

系数	固定效应	随机效应	固定效应和随机效应的差值
hrailway	0.075	0.068	0.007
economy	0.009	0.017	−0.008
people	1.293	0.573	0.720
road	0.004	−0.023	0.027
finance	−0.061	−0.032	−0.029
science	0.438	0.458	−0.020
education	−0.101	−0.073	−0.034
foreign	−0.355	−0.311	−0.044

　　高铁网络空间面板模型的回归结果如表 4-10 所示。首先分析空间滞后模型和空间误差模型的回归结果。空间滞后模型的空间效应系数 ρ 的值为 0.604，空间误差模型的空间效应系数 λ 的值为 0.687，且均通过了 1% 的显著性水平检验，表明在分析高铁联系强度对城市土地利用效率的影响时应当考虑空间效应。空间误差模型的拟合优度值（0.615 3）大于空间滞后模型的拟合优度值（0.612 2），表明空间误差模型对数据的拟合程度更高，因而在构建空间面板模型时应考虑纳入空间滞后误差项。在空间滞后模型和空间误差模型中，核心解释变量高铁网络联系强度的影响系数均在 1% 的统计水平

上显著为正，表明高铁网络联系强度的提升对城市土地利用效率产生了显著的正向影响。控制变量方面，经济发展水平和人口密度这两个变量的影响系数均为正，且均在1%的统计水平上显著，表明经济发展水平的提升和人口密度的增大能够促进城市土地利用效率的提升。在空间滞后模型中，利用外资水平的影响系数仍然显著为负，与"污染避难所"假说的理论预期相符；空间误差模型中利用外资水平的影响系数则不显著。在空间杜宾模型中，空间效应系数ρ的值为0.461，且在1%的统计水平上显著为正。核心解释变量高铁网络联系强度的影响系数为正，且通过了1%的显著性水平检验，表明高铁网络联系对城市土地利用效率产生了显著的正向影响。高铁网络联系强度的空间滞后项的影响系数为负，且通过了1%的显著性水平检验，表明高铁网络产生了显著的负向空间溢出效应。其原因可能在于，区域中某一城市高铁网络联系的增强能够提升该城市的要素生产率和要素价格，进而吸引各类要素资源由其他城市流入本地。该城市因要素集聚程度的提高而产生集聚正外部性并获得土地利用效率的提升，邻近城市则可能由于要素流入、集聚程度下降而导致土地利用效率下降，即产生"虹吸效应"。在控制变量方面，经济发展水平和人口密度的影响系数依旧显著为正；经济发展水平的空间滞后项的影响系数显为正，人口密度的空间滞后项的影响系数则不显著。金融发展水平的影响系数显著为负，而其空间滞后项的影响系数显著为正，表明本城市金融发展水平的提升有助于促进邻近城市土地利用效率的提升，即产生了正向的空间溢出效应。路网密度的影响系数不显著，而其空间滞后项的影响系数显著为负，表明本城市路网密度的增加抑制了邻近城市土地利用效率的提升，其背后的原因依旧可以用"虹吸效应"来解释。通过对比空间滞后模型、空间误差模型和空间杜宾模型，发现空间杜宾模型的拟合优度最高（0.658 2），表明空间杜宾模型的拟合效果最好。由于本城市高铁网络联系强度的提升会抑制邻近城市土地利用效率的提升，因而应当充分关注这种高铁发展所产生的负向的空间溢出效应，通过更加科学合理的区域高铁规划促进区域范围内不同发展水平、不同禀赋条件城市的均衡发展。

表 4-10　高铁网络联系影响的空间溢出效应

被解释变量	城市土地利用效率		
	SAR	SEM	SDM
R^2	0.612 2	0.615 3	0.658 2
hrailway	0.051***	0.057***	0.076***
	(0.000)	(0.000)	(0.000)
economy	0.016***	0.039***	0.029**
	(0.000)	(0.000)	(0.001)
people	1.896***	1.667***	1.294***
	(0.000)	(0.000)	(0.000)
road	−0.024	0.015	0.004
	(0.351)	(0.575)	(0.892)
finance	−0.017	−0.003	−0.061*
	(0.527)	(0.992)	(0.042)
science	0.177	0.279	0.438
	(0.626)	(0.441)	(0.225)
education	−0.058	−0.179	−0.101
	(0.659)	(0.177)	(0.447)
foreign	−0.928*	−0.736	−0.335
	(0.026)	(0.083)	(0.441)
$W_{hrailway}$			−0.229***
			(0.000)
$W_{economy}$			0.059*
			(0.014)
W_{people}			−1.667
			(0.732)
W_{road}			−0.394**
			(0.004)

续表

被解释变量	城市土地利用效率		
	SAR	SEM	SDM
$W_{finance}$			0.265*
			(0.017)
$W_{science}$			−0.497
			(0.028)
$W_{education}$			−0.021
			(0.964)
$W_{foreign}$			0.804
			(0.673)
ρ	0.604***		0.461***
	(0.000)		(0.000)
λ		0.687***	
		(0.000)	
似然值	570.424 7	571.718 2	582.236 7

注：①***表示在1%的统计水平上显著，**表示在5%的统计水平上显著，*表示在10%的统计水平上显著；②回归系数下的括号内为标准误。

为验证有关综合铁路网络联系、高铁网络联系的影响效应的结论的可靠性，进行了如下稳健性检验，结果见表4-11和表4-12。第一，更换估计方法。考虑到当期的城市土地利用效率可能受其滞后值的影响，因而采用动态空间面板模型对综合铁路联系网络联系强度、高铁网络联系强度和城市土地利用效率之间的关系进行再检验。表4-11中列（1）~（6）的估计结果显示，在包含综合铁路网络联系强度变量的时间滞后项、时空滞后项，以及同时包含时间滞后项和时空滞后项的模型中，综合铁路联系强度变量的影响系数均为正，且在1%的统计水平上显著；综合铁路联系强度的空间滞后项的影响系数均为负，且在5%或10%的统计水平上显著。在包含高铁联系强度变量的时间滞后项、时空滞后项，以及同时包含时间滞后项和时空滞后项的模型中，高铁联系强度变量的影响系数均为正，且在1%的统计水平上显著；高铁联系强度的空间滞后项的影响系数均为负，且在5%或10%的统计水平上显著。上述结果验证了前文的研究结论，即综合铁路联系强度和高铁联系强度的提升在促进本城市土地利用效率提升的同时，产生了负向的空间溢出效应。第二，更换空间权重矩阵。采用邻接权重矩阵和经济地理权重矩阵重新估计空间面板模型，结果如表4-12所示。表4-12中列（1）和列（3）的估计结果显示，综合铁路联系强度的影响系数均为正，且在1%的统计水平上显著；综合铁路联系强度的空间滞后项的影响系数均为负，且在1%的统计水平上显著。表4-12中列（2）和列（4）的估计结果显示，高铁联系强度的影响系数均为正，且在1%的统计水平上显著；高铁联系强度的空间滞后项的影响系数均为负，且在1%的统计水平上显著。上述模型回归结果再次表明，本部分有关综合铁路网络联系和高铁网络联系的实证结论具有较强的稳健性。

表4-11 铁路网络联系影响的稳健性检验结果：更换估计方法

	动态空间面板模型					
	（1）	（2）	（3）	（4）	（5）	（6）
efficiency 的滞后值	0.792***		0.786***	0.772***		0.763***
	(0.054)		(0.054)	(0.054)		(0.053)
efficiency 的空间滞后项		0.274	0.278*		0.315*	0.291*
		(0.170)	(0.154)		(0.172)	(0.155)
railway	0.086***	0.125***	0.090***			
	(0.031)	(0.035)	(0.031)			
hrailway				0.117***	0.172***	0.125***
				(0.031)	(0.034)	(0.031)
railway 的空间滞后项	-0.011*	-0.014**	-0.013**			
	(0.006)	(0.007)	(0.006)			

续表

	动态空间面板模型					
	（1）	（2）	（3）	（4）	（5）	（6）
hrailway 的空间滞后项				-0.002^{**}	-0.010^{*}	-0.006^{*}
				（0.001）	（0.005）	（0.003）
控制变量	是	是	是	是	是	是
控制变量的空间滞后项	是	是	是	是	是	是
个体固定效应	是	是	是	是	是	是
时间固定效应	是	是	是	是	是	是
样本量	400	400	400	400	400	400
R^2	0.804	0.728	0.805	0.793	0.724	0.806

注：①***表示在1%的统计水平上显著，**表示在5%的统计水平上显著，*表示在10%的统计水平上显著；②回归系数下的括号内为标准误。

表4-12　铁路网络联系影响的稳健性检验结果：更换空间权重矩阵

	邻接权重矩阵		地理距离权重矩阵	
	（1）	（2）	（3）	（4）
railway	0.093^{***}		0.098^{***}	
	（0.024）		（0.023）	
hrailway		0.135^{***}		0.122^{***}
		（0.025）		（0.025）
railway 的空间滞后项	-0.014^{***}		-0.007^{***}	
	（0.005）		（0.002）	
hrailway 的空间滞后项		-0.014^{***}		-0.006^{***}
		（0.006）		（0.002）
控制变量	是	是	是	是

续表

	邻接权重矩阵		地理距离权重矩阵	
	（1）	（2）	（3）	（4）
控制变量的空间滞后项	是	是	是	是
个体固定效应	是	是	是	是
时间固定效应	是	是	是	是
样本量	400	400	400	400
R^2	0.753	0.759	0.137	0.207

注：①***表示在1%的统计水平上显著，**表示在5%的统计水平上显著，*表示在10%的统计水平上显著；②回归系数下的括号内为标准误。

铁路联系强度和城市土地利用效率之间可能存在双向因果关系，同时模型可能存在遗漏变量，这些因素均会造成内生性问题。通过构建铁路联系强度的工具变量进一步检验实证结果的稳健性。具体而言，采用城市平均坡度（slope）与铁路联系强度滞后一期值的交乘项作为工具变量。其中，城市平均坡度基于中国地理空间数据云 DEM 数字高程数据计算得到。采用上述工具变量主要基于以下三方面的考虑：第一，坡度是决定铁路建设难易程度和投资成本的重要指标，因而会对铁路联系强度产生直接影响；第二，坡度是城市固有的自然特征，能够满足有效工具变量的外生性要求；第三，坡度在数据维度上属于截面数据，将坡度与铁路联系强度滞后值的交乘项作为工具变量，在截面和时间维度上均存在变化，适合于面板模型的估计。工具变量回归的结果如表4-13所示。Kleibergen-Paaprk LM 检验拒绝了不可识别的原假设，Kleibergen-Paaprk Wald F 检验拒绝了存在弱工具变量的原假设，表明所选择的工具变量是较为有效的。在控制了全部控制变量和城市、年份固定效应后，综合铁路联系强度和高铁联系强度的影响系数均显著为正，表明铁路联系强度的提高对城市土地利用效率产生了显著的正向影响，从而再次验证了实证结果的稳健性。

表 4-13 铁路网络联系影响的工具变量回归结果

	综合铁路网络		高铁网络	
	（1）	（2）	（3）	（4）
railway	0.110*	(0.067)		
	0.164**	(0.077)		
hrailway			0.111**	0.168**
			(0.052)	(0.074)
控制变量	否	是	否	是
个体固定效应	是	是	是	是
时间固定效应	是	是	是	是
Kleibergen-Paaprk LM	24.555	22.977	27.046	23.127
Kleibergen-Paaprk Wald F	69.376	40.112	105.770	50.157
样本量	360	360	360	360
R^2	0.702	0.769	0.714	0.780

注：①***表示在1%的统计水平上显著，**表示在5%的统计水平上显著，*表示在10%的统计水平上显著；②回归系数下的括号内为标准误。

值得注意的是，由于空间计量模型中存在着复杂的空间反馈，因而解释变量回归系数的点估计结果并不等同于解释变量对被解释变量的边际效应，需要基于回归结果进行计算，并将边际效应进一步分解为直接效应和间接效应（即空间溢出效应）：直接效应指某一地区解释变量的变动对本地区被解释变量的影响；间接效应指某一地区解释变量的变动对其他地区被解释变量的影响。根据 Lesage 和 Pace（2010）提出的方法，基于被解释变量对解释变量求偏微分的结果，计算得到铁路联系强度对城市土地利用效率的直接效应和间接效应，如表 4-14 所示。综合铁路联系强度和高铁联系强度对城市土地利用效率的直接效应分别为 0.100 和 0.139，间接效应分别为 -0.012 和 -0.011，表明铁路联系强度的提高在促进本城市土地利用效率提升的同时，产生了负向的空间溢出效应。根据前文的理论分析，某一城市对外铁路联系的加强，能够提升该城市生产要素的边际产出和要素价格，进而吸引要素由邻近城市流入本地。这种"要素虹吸"不利于其他城市要素集聚度的提升，并会对其他城市的土地利用效率产生负向影响。当"要素虹吸"所带来的负向影响超过区域铁路网络运行效率改善所带来的正向影响时，铁路联系强度提升就会产生负向的空间溢出效应。

表4-14 铁路网络联系对城市绿色经济效率影响的分解结果

	综合铁路网络		高铁网络	
	（1）直接效应	（2）间接效应	（1）直接效应	（2）间接效应
GDeg	0.100***	-0.012**		
	(0.029)	(0.005)		
HDeg			0.139***	-0.011**
			(0.031)	(0.006)
economy	0.777***	0.209	0.880***	0.266
	(0.166)	(0.386)	(0.168)	(0.377)
people	0.373***	-0.054	0.369***	-0.034
	(0.047)	(0.146)	(0.046)	(0.147)
foreign	3.949***	-3.763**	4.015***	-2.575
	(0.730)	(1.566)	(0.722)	(1.640)
expenditure	0.570*	1.668**	0.604*	1.664***
	(0.321)	(0.686)	(0.317)	(0.674)
science	1.371**	-2.185	1.129*	-1.357
	(0.617)	(1.720)	(0.612)	(1.738)
expenditure	-0.010	-0.177	-0.017	-0.143
	(0.057)	(0.124)	(0.056)	(0.125)

注：①***表示在1%的统计水平上显著，**表示在5%的统计水平上显著，*表示在10%的统计水平上显著；②回归系数下的括号内为标准误。

三、高铁网络联系对城市土地利用效率的间接影响

第二章中的理论分析指出，高铁网络联系能够通过影响创新水平和产业结构合理化水平来间接影响城市土地利用效率，本节对相关理论假说进行检验。高铁网络分析中关于创新水平和产业结构合理化水平这两个中介变量的检验主要分为两个步骤：一是检验高铁网络联系强度是否对这两个中介变量产生了显著影响；二是分别将这两个中介变量引入前文所述的固定效应模型中，检验高铁网络联系强度、创新水平及产业结构合理化水平是否对城市土地利用效率具有显著影响，相关检验结果见表4-15、表4-16和表4-17。

在表4-15所显示的回归结果中，被解释变量为创新水平，核心解释变量为高铁网络联系强度，控制变量选取的是经济发展水平、人口密度、科学技术支出水平、教育发展水平、利用外资水平、路网密度及金融发展水平。从表4-15中可以看出，在逐步回归中，高铁网络联系强度的影响系数均为正，且基本在1%或5%的统计水平上显著，表明随着高铁网络联系强度的提高，城市的创新水平也会相应提高。与普通铁路相比，高铁在降低旅行时间成本方面的"时空压缩"效应更加明显，更有利于促进不同城市的技术人员开展合作研发和技术攻关，并能够更有效地提升创新要素的供需匹配效率。控制变量方面，经济发展水平与人口密度这两个变量的影响系数均为正，经济发展水平的影响系数在1%或5%的统计水平上显著，人口密度的影响系数在5%或10%的统计水平上显著。路网密度的影响系数在5%的统计水平上显著为负。

表4-15　高铁网络联系对创新水平的影响

被解释变量	创新水平							
	（1）	（2）	（3）	（4）	（5）	（6）	（7）	（8）
hrailway	6.556***	3.976*	3.178	3.208	3.467*	3.481*	3.550*	3.609*
	（0.000）	（0.014）	（0.053）	（0.052）	（0.041）	（0.040）	（0.035）	（0.032）

续表

被解释变量	创新水平							
	(1)	(2)	(3)	(4)	(5)	(6)	(7)	(8)
economy		2.685***	2.620***	2.621***	2.526***	2.720***	1.931**	1.997**
		(0.000)	(0.000)	(0.000)	(0.000)	(0.000)	(0.009)	(0.008)
people				9.370*	9.540*	9.811*	9.056*	10.843**	10.956**
				(0.015)	(0.014)	(0.012)	(0.011)	(0.004)	(0.005)
science					−15.132	−16.969	−23.300	−12.481	−13.475
					(0.714)	(0.682)	(0.581)	(0.766)	(0.749)
education						10.377	9.737	15.084	15.937
						(0.514)	(0.541)	(0.344)	(0.319)
foreign							39.460	50.489	50.183
							(0.421)	(0.301)	(0.304)
road								−8.739**	−8.887**
								(0.009)	(0.008)
finance									2.655
									(0.450)
时间固定	Yes	Yes	Yes	Yes	Yes	Yes	Yes	Yes
地区固定	Yes	Yes	Yes	Yes	Yes	Yes	Yes	Yes
观测量	400	400	400	400	400	400	400	400

注：①***表示在1%的统计水平上显著，**表示在5%的统计水平上显著，*表示在10%的统计水平上显著；②回归系数下的括号内为标准误。

在表4-16所显示的回归结果中，核心解释变量仍然是高铁网络联系强度，被解释变量为产业结构合理化水平。从回归结果来看，在逐步回归中，高铁网络联系强度的影响系数为正，且均在5%或10%的统计水平上显著，表明高铁网络联系强度的提高促进了产业结构合理化程度的提升。高铁网络联系的加强降低了城市之间的要素流动成本。随着要素流动性的增强，各类要素资源将配置到各城市具有比较优势的产业部门和行业中，缺乏比较优势的产业部门和行业则可能出现要素流出。因而高铁网络联系的加强有助于促进区域内专业化分工格局的形成，有利于各城市充分发挥自身的比较优势。此外，随着高铁网络联系的加强，城市之间的市场分割程度将有所下降、企业所面临的市场竞争将会加剧。更大空间范围的市场竞争也有利于促进产业结构的优化。控制变量方面，利用外资水平的影响系数为负，表明利用外资水平的提升对产业结构合理化水平产生了负面影响，这一结果与"污染避难所"假说相符。包含财政支出水平的两个回归模型中，财政支出水平的影响系数为负，且在1%或5%的统计水平上显著，表明财政支出水平的提高抑制了产业结构合理化水平的提升。财政支出在地区生产总值中的占比越高，表明政府对经济活动的干预程度也越高。对于价格、交易量等市场行情信息，政府的信息搜集能力和对信息的敏感程度、判断能力可能不及市场主体，因而政府对经济活动的过度干预可能导致行业间的资源错配问题，进而降低产业结构合理化程度。科学技术支出水平的影响系数为正，且在1%的统计水平上显著，表明科学技术支出水平的提高有利于促进产业结构的优化。政府科学技术支出在地区生产总值中占比的提高意味着政府在基础研究和应用研究方面的财政投入力度加大，有利于促进地区高新技术产业的发展，进而推动产业结构合理化水平的提升。综合表4-15和表4-16的结果可以发现，高铁网络联系强度对创新水平和产业结构合理化程度均具有显著的正向影响。

表4-16　高铁网络联系对产业结构合理化的影响

被解释变量	产业结构合理化水平						
	(1)	(2)	(3)	(4)	(5)	(6)	(7)
hrailway	0.023*	0.027**	0.025*	0.025*	0.024*	0.029**	0.031**
	(0.012)	(0.006)	(0.013)	(0.013)	(0.014)	(0.004)	(0.002)
economy		−0.004	−0.004	−0.006	−0.008*	−0.010*	−0.009*
		(0.273)	(0.256)	(0.165)	(0.050)	(0.019)	(0.035)

续表

被解释变量	产业结构合理化水平						
	（1）	（2）	（3）	（4）	（5）	（6）	（7）
people			0.219	0.242	0.229	0.189	0.267
			(0.343)	(0.299)	(0.323)	(0.414)	(0.245)
road				−0.017	−0.011	−0.021	−0.016
				(0.396)	(0.554)	(0.303)	(0.435)
foreign					−0.658*	−0.553	−0.367
					(0.024)	(0.059)	(0.212)
expenditure						−0.243*	−0.283**
						(0.026)	(0.090)
science							0.816***
							(0.000)
时间固定	Yes	Yes	Yes	Yes	Yes	Yes	Yes
地区固定	Yes	Yes	Yes	Yes	Yes	Yes	Yes
观测量	400	400	400	400	400	400	400

注：①***表示在1%的统计水平上显著，**表示在5%的统计水平上显著，*表示在10%的统计水平上显著；②回归系数下的括号内为标准误。

在中介效应的下一步检验中，将创新水平和产业结构合理化水平这两个中介变量分别代入原固定效应模型进行回归，回归结果如表4-17所示。表4-17中列（1）为带入中介变量创新水平后的模型回归结果，列（2）为带入中介变量产业结构合理化水平后的模型回归结果。从检验结果来看，在模型（1）中，高铁网络联系强度的影响系数为正，且在5%的统计水平上显著；创新水平的影响系数为正但并不显著。结合表4-15的模型估计结果可以发现，虽然高铁网络联系强度对创新水平产生了显著的正向影响，但却未通过推动创新产出增长这一渠道促进城市土地利用效率的提升。其背后的原因可能在于，虽然高铁网络联系能够促进创新水平的提升，但影响程度相对较低，并不足以对城市土地利用效率产生实质性的影响。在控制变量中，经济发展水平与人口密度的影响系数均为正，且在1%的统计水平上显著，表明经济发展水平的提升与人口密度的提高均对城市土地利用效率产生了显著的正向影响。在模型（2）中，高铁网络联系强度的影响系数为正，且在5%的统计水平上显著；产业结构合理化水平的影响系数为正，且在1%的统计水平上显著。结合表4-16的模型估计结果可以发现，高铁网络联系通过促进产业结构优化这一渠道推动城市土地利用效率的提升。在控制变量中，经济发展水平与人口密度的影响系数均在1%的统计水平上显著为正，其他控制变量的影响系数则均不显著。

表4-17 高铁网络联系对城市土地利用效率的间接影响

被解释变量	城市土地利用效率	
	（1）	（2）
hrailway	0.049**	0.039**
	（0.001）	（0.008）
innovation	0.004	
	（0.391）	
structure		0.453***
		（0.000）
economy	0.030***	0.035***
	（0.000）	（0.000）
people	1.830***	1.726***
	（0.000）	（0.000）
road	−0.022	−0.024
	（0.475）	（0.411）
finance	−0.037	−0.018
	（0.244）	（0.552）

续表

被解释变量	城市土地利用效率	
	（1）	（2）
science	0.165	0.489
	（0.664）	（0.183）
education	−0.216	−0.212
	（0.136）	（0.125）
foreign	−0.833	−0.584
	（0.060）	（0.168）
时间固定	Yes	Yes
地区固定	Yes	Yes
观测量	400	400

注：①***表示在1%的统计水平上显著，**表示在5%的统计水平上显著，*表示在10%的统计水平上显著；②回归系数下的括号内为标准误。

四、高铁网络中间中心度对城市土地利用效率的影响

为考察高铁网络中各城市的中转、桥梁作用是否有助于促进土地利用效率的提升，以高铁网络中间中心度（$H_{between}$）作为核心解释变量进行回归分析，结果如表4-18所示。从表4-18可以看出，高铁网络中间中心度的影响系数为正，且在1%的统计水平上显著，表明高铁网络中间中心度的提升显著促进了城市土地利用效率的改善。高铁网络中居于枢纽地位的城市通常具有较高的客流量、人流量，物流、商贸、住宿餐饮、旅游等服务业的发展水平也通常较高。由于第三产业通常具有较高的土地集约利用水平，产生的资源能源消耗和污染排放也通常较少，因而高铁发展所引致的人口集聚效应和随之带来的第三产业的发展有助于促进城市土地利用效率的提升。控制变量中，经济发展水平和人口密度的影响系数均为正，且在1%的统计水平上显著。

表 4-18 高铁网络中间中心度对城市土地利用效率的影响

被解释变量	城市土地利用效率							
	(1)	(2)	(3)	(4)	(5)	(6)	(7)	(8)
$H_{between}$	0.009***	0.007***	0.007***	0.007***	0.007***	0.007***	0.006***	0.006***
	(0.000)	(0.000)	(0.000)	(0.000)	(0.000)	(0.000)	(0.000)	(0.000)
economy		0.037***	0.034***	0.034***	0.033***	0.033***	0.035***	0.031***
		(0.000)	(0.000)	(0.000)	(0.000)	(0.000)	(0.000)	(0.000)
people			2.040***	2.079***	2.103***	2.098***	2.038***	2.013***
			(0.000)	(0.000)	(0.000)	(0.000)	(0.000)	(0.000)
road				−0.029	−0.027	−0.027	−0.023	−0.019
				(0.311)	(0.350)	(0.348)	(0.432)	(0.526)
finance					−0.043	−0.043	−0.045	−0.045
					(0.164)	(0.164)	(0.146)	(0.147)
science						0.039	0.059	0.177
						(0.914)	(0.871)	(0.633)
education							−0.165	−0.156
							(0.240)	(0.266)
foreign								−0.774
								(0.072)
时间固定	Yes	Yes	Yes	Yes	Yes	Yes	Yes	Yes
地区固定	Yes	Yes	Yes	Yes	Yes	Yes	Yes	Yes
观测量	400	400	400	400	400	400	400	400

注：①***表示在1%的统计水平上显著，**表示在5%的统计水平上显著，*表示在10%的统计水平上显著；②回归系数下的括号内为标准误。

第五节 信息网络联系对城市土地利用效率的影响

一、信息网络联系对城市土地利用效率的直接影响

铁路网络联系和高铁网络联系主要反映某一城市与区域内其他城市的交通连通性，属于物质实体的联系。一方面，信息网络联系（message）则主要反映某一城市与区域内其他城市信息交流的便捷程度。在数字化、信息化时代，信息也是重要的生产要素，城市间信息交流频率越高，某一城市的厂商越能够充分获取其他城市不同类型生产要素和商品的价格、成交量等相关信息，进而做出更为科学的生产决策并促进土地利用效率的提升。另一方面，信息网络联系的增强能够提升区域整体层面资本市场、劳动力市场等要素市场上的供需匹配效率，减少地区间、行业间的要素错配。此外，在信息网络中居于中心位置的城市往往受关注程度更高，能够吸引劳动力、资本等生产要素向本城市集聚，进而通过集聚效应促进城市土地利用效率的提升。本部分选取了信息网络中各城市的点度中心度作为核心解释变量，城市土地利用效率作为被解释变量，选取的控制变量为经济发展水平、路网密度、利用外资水平、财政支出水平、科学技术支出水平及金融发展状况，采用了包含时间特异效应和地区特异效应的双向固定效应模型，模型估计结果如表4-19所示。

表4-19 信息网络对城市土地利用效率的直接影响

被解释变量	城市土地利用效率						
	（1）	（2）	（3）	（4）	（5）	（6）	（7）
message	0.057**	0.035*	0.034*	0.034*	0.033*	0.032*	0.033*
	(0.001)	(0.026)	(0.027)	(0.030)	(0.033)	(0.039)	(0.032)

被解释变量	城市土地利用效率						
	(1)	(2)	(3)	(4)	(5)	(6)	(7)
economy		0.046***	0.036***	0.041***	0.042***	0.041***	0.040***
		(0.000)	(0.000)	(0.000)	(0.000)	(0.000)	(0.000)
road			−0.017	−0.012	−0.002	−0.006	−0.006
			(0.590)	(0.746)	(0.944)	(0.852)	(0.983)
foreign				−0.896	−0.987*	−1.097*	−1.129*
				(0.054)	(0.036)	(0.022)	(0.018)
expenditure					0.208	0.231	0.307
					(0.225)	(0.180)	(0.090)
science						0.498	0.535
						(0.219)	(0.188)
finance							−0.049
							(0.162)
时间固定	Yes	Yes	Yes	Yes	Yes	Yes	Yes
地区固定	Yes	Yes	Yes	Yes	Yes	Yes	Yes
观测量	400	400	400	400	400	400	400

注：①***表示在1%的统计水平上显著,**表示在5%的统计水平上显著,*表示在10%的统计水平上显著；②回归系数下的括号内为标准误。

通过运用长三角三省一市40个地级市2011—2020年的面板数据进行逐步回归，发现信息网络点度中心度这一变量在表4-19的各模型中均具有较高的显著性水平且系数的符号均为正，表明在其他条件不变的情况下，信息网络点度中心度较高的城市的土地利用效率也相对较高，即信息网络联系强度的提高有助于促进城市土地利用效率的提升。第二章的理论分析指出，信息网络联系强度的提升能够降低要素市场和商品市场上供需双方的信息不对称性，带动互联网和数字经济相关产业的发展，拓宽政府间的信息交流渠道，这些因素均有利于促进城市土地利用效率的提升。控制变量方面，经济发展水平的影响系数为正，且在1%的统计水平上显著，再次表明经济发展水平与城市土地利用效率之间具有显著的正相关关系。利用外资水平的影响系数为负，且在10%的统计水平上显著，表明利用外资水平的提高抑制了城市土地利用效率的提升。虽然外资可以带来先进的生产技术和管理经验，对引进外资地区产生技术扩散效应并带动上下游相关产业的发展，但也可能存在通过对外投资转移污染行业的情况，进而对城市土地利用效率的提升产生抑制作用。

二、信息网络联系对城市土地利用效率影响的空间溢出效应

当区域中某一城市的信息网络联系强度提升时，该城市的企业能够获得更加充分的市场行情信息以做出更加科学的生产决策，各类要素市场上的供需匹配效率也得以提升，这些因素都有助于提升该城市的要素生产率和要素价格，进而吸引要素资源由其他城市流入本地。因而，某一城市信息网络联系强度的提升在促进本地土地利用效率提高的同时，可能降低邻近城市的要素集聚度并对邻近城市的土地利用效率产生负向影响，即产生负向的空间溢出效应。因而在上文初步回归的基础上，通过构建和估计空间面板模型考察信息网络联系对城市土地利用效率影响的空间溢出效应。与综合铁路网络联系和高铁网络联系的影响效应分析类似，本部分主要基于地理距离空间权重矩阵进行空间计量分析。首先对模型进行LM检验，以确定空间面板模型的具体形式，即应使用空间滞后模型、空间误差模型还是空间杜宾模型。检验结果表明，LM-ERR统计量与LM-LAG统计量的值分别为69.541与91.254，且均通过了1%的显著性检验，稳健LM-ERR统计量与稳健LM-LAG统计量的值分别为27.548和46.514，且均通过了1%的显著性检验，因此应选择相较于空间滞后模型和空间误差模型更为综合的空间杜宾模型。其次对模型进行了Hausman检验，来确定使用固定效应模型还是随机效应模型，结果如表4-20所示。从表4-20可以看出，Hausman检验在1%的显著性水平上拒绝了

随机效应的原假设，因而应使用固定效应模型进行估计。

表 4-20   Hausman 检验结果

系数	固定效应	随机效应	固定效应和随机效应的差值
message	0.027	0.036	−0.009
economy	0.029	0.032	−0.003
road	0.047	0.015	0.032
foreign	−0.674	−0.667	−0.007
expenditure	0.576	0.058	0.518
science	0.683	0.238	0.445
finance	−0.033	−0.002	−0.031

信息网络联系空间面板模型的回归结果如表 4-21 所示。首先分析空间滞后模型和空间误差模型的回归结果。空间滞后模型的空间效应系数 ρ 的值为 0.546，空间误差模型的空间效应系数 λ 的值为 0.672，且均通过了 1% 的显著性水平检验，表明在分析信息网络联系强度对城市土地利用效率的影响时应当充分考虑空间效应。空间误差模型的拟合优度值（0.687 6）大于空间滞后模型的拟合优度值（0.661 3），表明空间误差模型对数据的拟合程度更高，因而应考虑空间滞后误差项对城市土地利用效率的影响。在空间滞后模型中，核心解释变量信息网络联系强度的影响系数为负，但不具有统计显著性；在空间误差模型中，信息网络联系强度的影响系数在 5% 的统计水平上显著为正，表明信息网络联系强度的提高对城市土地利用效率产生了显著的正向影响。控制变量方面，经济发展水平的影响系数在空间滞后模型和空间误差模型中均为正，且均在 1% 的统计水平上显著；利用外资水平的影响系数在空间滞后模型和空间误差模型中均为负，且均在 10% 的统计水平上显著。在空间杜宾模型中，空间效应系数 ρ 的值为 0.456，且在 1% 的统计水平上显著为正。核心解释变量信息网络联系强度的影响系数为正，且通过了 5% 的显著性水平检验，再次表明信息网络联系强度的提升有助于促进城市土

地利用效率的提高。信息网络联系强度的空间滞后项的影响系数为负，且通过了1%的显著性水平检验，表明某一城市信息网络联系强度的增强抑制了邻近城市土地利用效率的提升，即产生了负向的空间溢出效应。在通过数字化、信息化建设加强区域信息网络联系的过程中，应当更加注重区域中心城市和非中心城市在区域信息网络中的均衡发展，以抵消信息网络联系强度提升所可能产生的负向的空间溢出效应。控制变量方面，经济发展水平的影响系数在1%的统计水平上显著为正。经济发展水平的空间滞后项的影响系数在10%的统计水平上显著为正，表明经济发展水平的提升产生了显著的正的空间溢出效应。路网密度的影响系数不显著，但其空间滞后项的影响系数在5%的统计水平上显著为负，表明路网密度的提升产生了显著的负的空间溢出效应；科学技术支出水平的影响系数不显著，但其空间滞后项的影响系数在10%的统计水平上显著为负，表明科学技术支出水平的提升产生了显著的负的空间溢出效应。路网密度和科学技术支出水平所产生的负向空间溢出效应均可以用虹吸效应来解释，即路网密度和科学技术支出水平的提升均有助于促进本地要素集聚度的提升，却会降低邻近城市的要素集聚度，进而对邻近城市的土地利用效率产生负向影响。通过对比空间滞后模型、空间误差模型和空间杜宾模型，发现空间杜宾模型的拟合优度最高（0.714 6），表明空间杜宾模型的拟合效果最好。

表4-21 信息网络联系影响的空间溢出效应

被解释变量	城市土地利用效率		
	SAR	SEM	SDM
R^2	0.661 3	0.687 6	0.714 6
message	−0.042	0.028**	0.027**
	(0.541)	(0.006)	(0.006)
economy	0.026***	0.046***	0.029***
	(0.000)	(0.000)	(0.000)

续表

被解释变量	城市土地利用效率		
	SAR	SEM	SDM
road	−0.016	0.035	0.047
	(0.551)	(0.226)	(0.118)
foreign	−1.128*	−0.969*	−0.673
	(0.013)	(0.034)	(0.141)
expenditure	−0.013	0.034	0.058
	(0.936)	(0.848)	(0.754)
science	0.505	0.604	0.683
	(0.936)	(0.116)	(0.072)
finance	−0.016	−0.003	−0.033
	(0.614)	(0.938)	(0.338)
$W_{message}$			−0.148***
			(0.000)
$W_{economy}$			0.041*
			(0.046)
W_{road}			−0.385**
			(0.05)
$W_{foreign}$			0.560
			(0.793)
$W_{expenditure}$			1.101
			(0.109)
$W_{science}$			−6.190*
			(0.010)
$W_{finance}$			0.225
			(0.046)

续表

被解释变量	城市土地利用效率		
	SAR	SEM	SDM
ρ	0.546***		0.456***
	(0.000)		(0.000)
λ		0.672***	
		(0.000)	
似然值	543.703 0	571.718 2	579.214 5

注：①***表示在1%的统计水平上显著，**表示在5%的统计水平上显著，*表示在10%的统计水平上显著；②回归系数下的括号内为标准误。

三、信息网络联系对城市土地利用效率的间接影响

第二章中的理论分析指出，信息网络联系能够通过影响创新水平和产业结构合理化水平来间接影响城市土地利用效率，本节对相关理论假说进行检验。关于创新水平和产业结构合理化水平这两个中介变量的检验主要分为两个步骤：一是检验信息网络联系强度是否对这两个中介变量产生了显著影响；二是分别将这两个中介变量引入前文所述的固定效应模型中，检验信息网络联系强度、创新水平及产业结构合理化水平是否对城市土地利用效率具有显著影响，相关检验结果见表4-22和表4-23。

在表4-22所显示的回归结果中，被解释变量为创新水平，核心解释变量为信息网络联系强度，控制变量选取的是经济发展水平、人口密度、科学技术支出水平、教育发展水平、利用外资水平、路网密度及金融发展水平。从表4-22中可以看出，在逐步回归中，信息网络联系强度的影响系数为负，或者不具有统计显著性或者显著性水平较低（在10%的统计水平上显著），表明信息网络联系强度的提高并未能促进创新水平的提升。其原因可能在于，城市创新水平的影响因素较多、影响机理较为复杂，既与城市的人力资本水平、城市间的创新合作关系相关，也与企业的创新意愿、研发投入水平存在着联系，而城市间的信息联系可能并非创新水平的重要影响因素。控制

变量方面，经济发展水平和人口密度的影响系数均为正，且在1%或5%的统计水平上显著，表明经济发展水平的提升和人口密度的提高均有助于促进创新水平的提升。路网密度的影响系数为负，且在5%的统计水平上显著。

表4-22 信息网络联系对创新水平的影响

被解释变量	创新水平							
	(1)	(2)	(3)	(4)	(5)	(6)	(7)	(8)
message	-1.405	-3.113	-4.047*	-4.037*	-4.051*	-4.026*	-4.118*	-4.196*
	(0.403)	(0.057)	(0.014)	(0.014)	(0.014)	(0.015)	(0.012)	(0.011)
economy		3.468***	3.288***	3.290***	3.330***	3.474***	2.695***	2.778***
		(0.000)	(0.000)	(0.000)	(0.000)	(0.000)	(0.000)	(0.000)
people			12.478**	12.589**	12.545**	12.626**	13.875***	13.783***
			(0.001)	(0.001)	(0.001)	(0.001)	(0.000)	(0.000)
science				-9.558	-9.558	-15.084	-4.055	-4.911
				(0.816)	(0.821)	(0.720)	(0.924)	(0.907)
education					-1.314	-1.900	3.244	3.940
					(0.932)	(0.902)	(0.834)	(0.800)
foreign						35.741	46.775	46.381
						(0.465)	(0.336)	(0.341)
road							-8.807**	-8.977**
							(0.008)	(0.007)
finance								2.831
								(0.420)
时间固定	Yes	Yes	Yes	Yes	Yes	Yes	Yes	Yes
地区固定	Yes	Yes	Yes	Yes	Yes	Yes	Yes	Yes
观测量	400	400	400	400	400	400	400	400

注：①***表示在1%的统计水平上显著，**表示在5%的统计水平上显著，*表示在10%的统计水平上显著；②回归系数下的括号内为标准误。

在表4-23所显示的回归中，被解释变量为产业结构合理化水平，核心解释变量仍然是信息网络联系强度。从表4-23中可以看出，在逐步回归中，信息网络联系强度的影响系数为正，但不具有统计显著性，表明信息网络联系强度的提高并未能促进产业结构合理化水平的提升。其原因可能在于，城市间信息网络联系的加强虽然能够使企业获得更多市场信息、降低要素市场和商品市场的信息不对称性，但若城市之间存在着较为明显的市场分割，则各类要素资源仍然无法在城市间自由流动并实现要素的跨地区优化配置，而在这种情况城市的产业结构合理化水平也会相应较低。控制变量方面，利用外资水平的影响系数为负，表明利用外资水平的提升不利于产业结构的优化。其原因可能在于，外商投资企业并非均属于高新技术企业，也存在部分转移而来的低端产业企业。科学技术支出水平的影响系数为正，且在5%的统计水平上显著，表明政府科技投入力度的加大有助于促进高新技术产业的发展和产业结构的优化。上述检验结果表明，信息网络联系强度并未对城市创新水平与产业结构合理化水平产生显著的正向影响，因而信息网络联系强度通过影响创新水平和产业结构合理化水平进而作用于城市土地利用效率的影响渠道不成立。

表4-23　信息网络联系对产业结构合理化的影响

被解释变量	产业结构合理化水平						
	（1）	（2）	（3）	（4）	（5）	（6）	（7）
message	0.009	0.009	0.007	0.006	0.006	0.007	0.008
	（0.372）	（0.358）	（0.498）	（0.517）	（0.541）	（0.494）	（0.420）
economy		−0.009	−0.001	−0.003	−0.005	−0.006	−0.005
		（0.812）	（0.719）	（0.482）	（0.184）	（0.121）	（0.212）
people			0.307	0.331	0.317	0.300	0.379
			（0.185）	（0.157）	（0.172）	（0.196）	（0.101）
road				−0.017	−0.012	−0.019	−0.013
				（0.395）	（0.552）	（0.358）	（0.500）

被解释变量	产业结构合理化水平						
	(1)	(2)	(3)	(4)	(5)	(6)	(7)
foreign					−0.666*	−0.588*	−0.414
					(0.023)	(0.047)	(0.165)
expenditure						−0.183	−0.217*
						(0.092)	(0.044)
science							0.772**
							(0.003)
时间固定	Yes	Yes	Yes	Yes	Yes	Yes	Yes
地区固定	Yes	Yes	Yes	Yes	Yes	Yes	Yes
观测量	400	400	400	400	400	400	400

注：①***表示在1%的统计水平上显著，**表示在5%的统计水平上显著，*表示在10%的统计水平上显著；②回归系数下的括号内为标准误。

第六节　区域综合网络联系对城市土地利用效率的影响

一、区域综合网络联系对城市土地利用效率的直接影响

前文的分析结果表明，铁路网络联系强度和信息网络联系强度均对城市土地利用效率的提升产生了显著的促进作用。本部分基于综合铁路网络联系强度和信息网络联系强度数据，利用熵值法构建区域综合网络联系强度（net）指标，以其反映区域内城市之间的综合联系。基于模型回归分析考察综合网络联系对城市土地利用效率的直接影响，选取各城市的综合网络联系强度作为核心解释变量，城市土地利用效率作为被解释变量，选取的控制变量为经济发展水平、人口密度、路网密度、利用外资水平、财政支出水平、

科学技术支出水平及金融发展状况，采用了包含时间特异效应和地区特异效应的双向固定效应模型，模型估计结果如表4-24所示。综合网络联系强度的影响系数在表4-24的各模型中均显著为正，表明在其他条件不变的情况下，综合网络联系强度较高的城市的土地利用效率也相对较高，即综合网络联系强度的提高有助于促进城市土地利用效率的提升。控制变量方面，经济发展水平与人口密度这两个变量的影响系数均为正，且在1%的统计水平上显著；利用外资水平的影响系数为负，且在部分模型中具有统计显著性。

表4-24　区域综合网络联系对城市土地利用效率的直接影响

被解释变量	城市土地利用效率							
	(1)	(2)	(3)	(4)	(5)	(6)	(7)	(8)
net	0.391***	0.240**	0.174*	0.174*	0.172*	0.161*	0.159*	0.153*
	(0.000)	(0.001)	(0.013)	(0.013)	(0.014)	(0.021)	(0.024)	(0.029)
economy		0.043***	0.041***	0.037***	0.034***	0.035***	0.035***	0.034***
		(0.000)	(0.000)	(0.000)	(0.000)	(0.000)	(0.000)	(0.000)
people			2.018***	2.069***	2.052***	2.078***	2.059***	2.096***
			(0.000)	(0.000)	(0.000)	(0.000)	(0.000)	(0.000)
road				−0.039	−0.033	−0.025	−0.026	−0.021
				(0.190)	(0.272)	(0.417)	(0.397)	(0.506)
foreign					−0.823	−0.916*	−0.960*	−0.996*
					(0.061)	(0.040)	(0.035)	(0.028)
expenditure						0.218	0.227	0.311
						(0.183)	(0.169)	(0.072)
science							0.193	0.233
							(0.617)	(0.546)
finance								−0.054
								(0.110)
时间固定	Yes	Yes	Yes	Yes	Yes	Yes	Yes	Yes

续表

被解释变量	城市土地利用效率							
	(1)	(2)	(3)	(4)	(5)	(6)	(7)	(8)
地区固定	Yes	Yes	Yes	Yes	Yes	Yes	Yes	Yes
观测量	400	400	400	400	400	400	400	400

注：①***表示在1%的统计水平上显著，**表示在5%的统计水平上显著，*表示在10%的统计水平上显著；②回归系数下的括号内为标准误。

二、区域综合网络联系对城市土地利用效率影响的空间溢出效应

为考察区域综合网络联系对城市土地利用效率影响的空间溢出效应，进一步基于地理距离空间权重矩阵进行空间计量分析。首先，对模型进行 LM 检验，以确定应使用空间滞后模型、空间误差模型还是空间杜宾模型。检验结果表明 LM-ERR 统计量与 LM-LAG 统计量的值分别为 34.600 与 70.011，且都通过了 1% 统计水平的显著性检验，稳健 LM-ERR 统计量与稳健 LM-LAG 统计量的值分别为 2.281 和 37.691，且都通过了 1% 统计水平的显著性检验，因此应选择相较于空间滞后模型和空间误差模型更为综合的空间杜宾模型。其次，对模型进行了 Hausman 检验，以确定应使用固定效应模型还是随机效应模型，结果如表 4-25 所示。从表 4-25 中可以看出，Hausman 检验在 1% 的显著性水平上拒绝了随机效应的原假设，因而应使用固定效应模型进行估计。

表4-25 Hausman 检验结果

系数	固定效应	随机效应	固定效应和随机效应的差值
net	0.055	0.038	0.017
economy	0.023	0.022	0.001
people	2.075	0.842	1.233
road	-0.024	-0.059	0.035
foreign	-0.949	-1.169	0.220

续表

系数	固定效应	随机效应	固定效应和随机效应的差值
expenditure	0.007	−0.084	−0.077
science	0.214	0.224	−0.010
finance	−0.017	−0.001	−0.016

综合网络联系空间面板模型的回归结果如表 4−26 所示。首先分析空间滞后模型和空间误差模型的回归结果。空间滞后模型的空间效应系数 ρ 的值为 0.597，空间误差模型的空间效应系数 λ 的值为 0.695，且均通过了 1% 的显著性水平检验，表明在分析综合网络联系强度对城市土地利用效率的影响时应当考虑空间效应。空间滞后模型的拟合优度值（0.618 2）大于空间误差模型的拟合优度值（0.583 7），表明空间滞后模型对数据的拟合程度更高，因而在构建空间面板模型时应考虑纳入被解释变量的空间滞后项。在空间杜宾模型中，空间效应系数 ρ 的值为 0.235，且在 1% 的统计水平上显著为正。核心解释变量综合网络联系强度的影响系数为正，且通过了 1% 的显著性水平检验，表明综合网络联系对城市土地利用效率产生了显著的正向影响。综合网络联系强度的空间滞后项的影响系数为负，且通过了 1% 的显著性水平检验，表明综合网络联系产生了显著的负向空间溢出效应。在控制变量中，经济发展水平和人口密度的影响系数显著为正，经济发展水平的空间滞后项的影响系数显著为正。通过对比空间滞后模型、空间误差模型和空间杜宾模型，发现空间杜宾模型的拟合优度最高（0.642 6），表明空间杜宾模型的拟合效果最好。

表 4−26　综合网络联系影响的空间溢出效应

被解释变量	城市土地利用效率		
	SAR	SEM	SDM
R^2	0.618 2	0.583 7	0.642 6

被解释变量	城市土地利用效率		
	SAR	SEM	SDM
net	0.055	0.174[*]	0.236[***]
	(0.385)	(0.011)	(0.000)
economy	0.023[***]	0.042[***]	0.017[*]
	(0.000)	(0.000)	(0.044)
people	2.074[***]	1.849[***]	1.672[***]
	(0.000)	(0.000)	(0.000)
road	−0.023	0.016	0.016
	(0.376)	(0.573)	(0.594)
foreign	−0.949[*]	−0.857[*]	−0.648
	(0.029)	(0.050)	(0.142)
expenditure	0.006	0.121	0.184
	(0.967)	(0.484)	(0.316)
science	0.214	0.299	0.472
	(0.564)	(0.419)	(0.203)
finance	−0.017	−0.006	−0.059
	(0.551)	(0.862)	(0.074)
W_{net}			−0.904[***]
			(0.000)
$W_{economy}$			0.049[*]
			(0.020)
W_{people}			1.199
			(0.574)
W_{road}			−0.284[*]
			(0.039)

续表

被解释变量	城市土地利用效率		
	SAR	SEM	SDM
$W_{foreign}$			0.151
			(0.944)
$W_{expenditure}$			0.031
			(0.963)
$W_{science}$			−2.589
			(0.274)
$W_{finance}$			0.226*
			(0.039)
ρ	0.597***		0.235***
	(0.000)		(0.000)
λ		0.695***	
		(0.000)	
似然值	563.645 2	565.360 6	585.118 4

注：①***表示在1%的统计水平上显著，**表示在5%的统计水平上显著，*表示在10%的统计水平上显著；②回归系数下的括号内为标准误。

第七节 本章小结

本章通过构建和估计非空间面板数据模型、空间面板数据模型和中介效应模型，实证分析了铁路网络联系、信息网络联系对城市土地利用效率的影响，对相关影响渠道进行了检验，并分析了铁路网络联系、信息网络联系影响的空间溢出效应。本章的研究发现主要包括：①综合铁路网络、高铁网络及信息网络联系强度的增强均对城市土地利用效率的提升具有显著的促进作用；②综合铁路网络联系、信息网络联系的间接影响路径均未通过实证检验，高铁网络联系通过影响产业结构合理化水平间接推动了城市土地利用效率的提升；③综合铁路网络联系强度的提高产生了正向的空间溢出效应，高铁网络、信息网络联系强度的提高则产生了负向的空间溢出效应；④控制变量方面，经济发展水平和人口密度均对城市土地利用效率的提升具有显著的促进作用。

第五章

区域市场一体化对城市土地利用效率影响的实证分析

第二章构建了理论分析框架，厘清了区域市场一体化对城市土地利用效率的作用机理；第三章在测度市场分割指数和城市土地利用效率水平的基础上进行描述性统计，并分析两者的分布格局和动态演变特征。本章将在第二章和第三章的基础上，构建非空间面板数据模型和空间面板数据模型，以市场分割指数作为区域市场一体化的负向指标进行回归，实证检验市场分割对城市土地利用效率的影响效应及影响渠道。

第一节　计量模型设定

1. 非空间面板数据模型

非空间面板数据模型即不考虑空间相关性，直接考察解释变量对被解释变量的影响。在不考虑空间相关性情况下，面板数据模型可以分为静态面板模型和动态面板模型，本章研究中分别构造静态面板模型和动态面板模型，实证检验市场分割对城市土地利用效率的影响。面板数据模型又分为固定效应模型和随机效应模型，需要通过 Hausman 检验确定模型选择何种效应进行估计，本章研究中最终选择固定效应模型进行估计。基于前文理论分析，首先将静态面板模型构建如下：

$$\text{Eff}_{it} = \alpha_0 + \beta_1 \, \text{mar}_{it} + \gamma_1 X_{it} + \eta_i + \mu_t + \varepsilon_{it} \tag{5-1}$$

式中：Eff_{it} 表示各个城市的土地利用效率；α_0 表示常数项；β_1 表示市场分割指数变量的系数；mar_{it} 表示市场分割指数，mar_{it} 值越大，市场一体化水平越低，mar_{it} 值越小，市场一体化水平越高；γ_1 表示控制变量的系数；X_{it} 表示一系列控制变量，在下一节变量选取中具体介绍；μ_t 为时间效应；η_i 为个体效应；ε_{it} 为随机扰动项，服从正态分布，且 μ_t 和 ε_{it} 不相关；i 表示城市；t 表示年份。

但考虑到城市土地利用效率存在惯性，当期效率易受上期效率的影响，因此，为了更好地控制这种动态效应，本章研究中在方程（5-1）的基础上，加入城市土地利用效率的一阶滞后项，且考虑解释变量对城市土地利用效率的影响存在滞后性，本章研究中用解释变量的一阶滞后项进行回归，构建动态面板数据模型如下：

$$\text{Eff}_{it} = \alpha_0 + \rho_1 \, \text{Eff}_{i,\,t-1} + \beta_1 \, \text{mar}_{i,\,t-1} + \gamma_1 X_{i,\,t-1} + \eta_i + \mu_t + \varepsilon_t \tag{5-2}$$

相较于固定效应和随机效应的静态面板模型，动态面板模型能够更好地研究动态效果，即可以得到前期变量对当期变量的影响。对于式（5-2）中构建的动态面板模型，用滞后项进行回归可能带来内生性问题，使用传统的最小二乘法或者一阶差分的最小二乘法对参数进行估计，会导致参数估计结果的偏误，而广义矩估计（Generalized Method of Moments，GMM）在估计参数时可以很好地解决这一问题，且不要求随机误差项满足某一确定的分布，还允许随机误差项存在异方差和序列相关问题，使用广义矩估计对参数进行估计时比传统方法更有优势、更有效。因此，本章研究中采用动态面板 GMM 估计方法对参数进行估计。

GMM 方法包括差分 GMM 和系统 GMM，差分 GMM 可以在一定程度上解决内生性问题，但仍然存在弱工具变量的问题，系统 GMM 在差分 GMM 的基础上进行改进，提高了估计效率，且系统 GMM 适用于短面板（大 N 小 T）模型，本章研究中 35 个城市 8 年的面板数据属于短面板，采用系统 GMM 模型也更合适。

2. 空间面板数据模型

在处理城市土地利用问题时，越是邻近的地区其城市土地利用效率越可能存在空间上的相关性，为了在考虑空间相关性的情况下进一步考察区域市场一体化对城市土地利用效率的影响，本章研究中也将采用空间动态面板数据模型来进行回归，构建空间动态面板模型如下：

$$\text{Eff}_{it} = \alpha_0 + \rho_1 \text{Eff}_{i,\,t-1} + \rho_2 W_{ij} \text{Eff}_{it} + \beta_1 \text{mar}_{i,\,t-1} + \beta_2 W_{ij} \text{mar}_{i,\,t-1}$$

$$+ \gamma_1 X_{i,\,t-1} + \gamma_2 W_{ij} X_{i,\,t-1} + \eta_i + \mu_t + \varepsilon_t$$

$$(5-3)$$

其中，W 是空间权重矩阵。对于空间权重矩阵的设置，通常是采用邻接矩阵（相邻区域权重值赋值为 1，不相邻的区域权重值赋值为 0），但在现实情况中，即使是不相邻的区域在空间上也存在相关性，且本章研究中在测度城市间的市场分割指数时也考虑了不相邻区域之间的竞争和保护主义，因此，本章研究中采用反距离权重矩阵，可以有效避免因距离单位和权重结果导致的误差。

$$W_{ij} = \begin{cases} 1/d_{ij}^2, & i \neq j \\ 0, & i = j \end{cases} \qquad (5-4)$$

其中，d_{ij} 为城市 i 和城市 j 之间的地理距离。

第二节　变量选取与数据说明

一、被解释变量

本章研究中的被解释变量为城市土地利用效率，采用第三章超效率 SBM 模型测度所得的城市土地利用相对效率。

二、核心解释变量

本章研究中的关键解释变量是市场分割指数，利用市级不同商品的价格指数，基于"相对价格法"所构造，采用第三章测度所得结果放大 100 倍后的数值。

三、控制变量

城市土地利用效率除了受市场分割的影响，还会被一些其他因素影响，本章研究中选取的控制变量如下。

第一，经济发展水平（economy）。城市土地利用效率与城市经济发展水平密切相关，经济发展水平越高的城市一般拥有更先进的生产技术，对资本、人力等生产要素的吸纳能力更强，有利于提高生产要素的交流频率，产生更高的经济效益，从而提高区域的城市土地利用效率。本章研究中选取人均 GDP 来表征城市的经济发展水平。

第二，人口密度（people）。人口密度是影响城市土地利用效率的重要社会因素，当城市人口密度较小时，随着人口向城市集聚，带动了各种生产资源向城市流动，在城市形成规模经济效应的同时也提高了城市土地利用效率；当人口密度超过一定限度时，人口与资源的过度集聚又会使城市生活环境拥挤、无序，多余的资源得不到充分高效的利用，造成了一定程度的资源闲置与浪费现象，从而降低了城市土地利用效率。本书选取人口密度（常住人口/行政区域土地面积）表征人口集聚程度。

第三，城市规模（size）。不同规模城市的产业结构配置及要素组合方式不同，城市土地利用水平也会存在一定程度的差异。因此城市规模产生的规模效应与城市土地利用效率密切相关，主要体现为城市规模扩大，形成大规模市场，生产要素在城市间自由流动能扩大要素配置范围，优化配置效率，达到最优空间组合效率，是促进城市经济增长和城市土地利用效率提升的重要驱动力量。此外，城市规模的扩大也能更好地满足区域市场一体化进程中规模化、合作化的生产需求，是产业规模扩展与延伸的重要条件。本章研究中选取城市人口规模（常住人口）表征城市规模的大小。

第四，交通基础设施联通（infrastructure）。随着区域一体化战略的持续推进，城市不再是孤立的个体，而是城市网络系统中的节点。交通基础设施的联通作为城市间的网络系统，为区域间的贸易往来提供了方便，能促进区域间的交流与优势互补，这对实现资源优化配置和提高城市土地利用效率的重要性不言而喻。路网密度可以反映区域间交通基础设施的连通性，本章研究中用路网密度来表征城市间的交通基础设施联通程度：

路网密度＝公路里程/行政区域土地面积

第五，对外开放水平（foreign）。"污染天堂假说"认为污染密集型产业倾向于在环境标准相对较低的国家或地区建立企业。对外开放水平越高，污染密集型产业引入越多，对城市土地利用效率的负面影响就越大。本章研究中探究对外开放水平对城市土地利用效率的影响以检验"污染天堂假说"的真实性。本章研究中用外商直接投资占 GDP 的比重（%）来表示对外开放水平。

四、描述性统计及共线性检验

表 5-1 为本书变量的描述性统计结果。除了平均值、标准差等基本信息外，还报告了各个自变量的方差膨胀因子（variance inflation factor，VIF），检验结果显示，max（VIF）= 2.31<10，mean（VIF）= 1.52，所以，可以认为本书不存在严重的多重共线性问题。

表 5-1 描述性统计及共线性检验

变量	变量含义	观测值	平均值	标准差	最小值	最大值	VIF
efficiency	城市土地利用效率	280	0.437 1	0.187 3	0.181 5	1.239 0	—
mar	市场分割指数	280	0.029 4	0.011 0	0.014 2	0.120 6	1.04
economy	经济发展水平	280	7.113 1	3.505 9	1.381 6	17.190 5	1.35
people	人口密度	280	0.078 8	0.063 8	0.012 9	0.392 4	2.31
size	城市规模	280	1.577 8	0.643 2	0.132 8	3.214 2	1.58

变量	变量含义	观测值	平均值	标准差	最小值	最大值	VIF
infrastructure	交通基础设施联通度	280	1.465 8	0.344 9	0.680 9	2.249 1	1.61
foreign	对外开放水平	280	0.027 7	0.018 8	0.000 7	0.093 2	1.23

第三节 实证结果分析

一、非空间面板数据模型回归

首先，通过静态面板对（5-1）式进行估计，表5-2模型（1）中仅有关键解释变量市场分割指数，未加入控制变量，模型（2）为加入控制变量后的估计结果。从估计结果可知，模型（1）中市场分割对城市土地利用效率具有负向影响，且在1%水平上显著，加入控制变量后回归系数依然为负，在10%显著性水平上显著，显著性有所下降。从控制变量上来看，经济发展水平（economy）的回归系数为正，且在1%的显著性水平上显著，说明经济发展水平越高的城市一般拥有更先进的生产技术，对资本、人力等生产要素的吸纳能力更强，有利于提高生产要素的交流频率，产生更高的经济效益，从而提高了城市土地利用效率水平。人口密度（people）的回归系数为正，在5%显著性水平上显著，说明现阶段人口向城市集聚，给城市带来了丰富的劳动力资源，对城市土地利用效率具有显著的正向作用。其他控制变量的回归结果均不显著，对城市土地利用效率的影响效果尚不明显。

表 5-2　非空间面板数据模型回归结果

变量	静态面板		变量	动态面板			
				差分 GMM		系统 GMM	
	(1)	(2)		(3)	(4)	(5)	(6)
			$L_{efficiency}$	0.649***	-0.115	0.799***	0.161***
				(0.00)	(0.28)	(0.00)	(0.00)
mar	-0.839***	-0.401*	L_{mar}	-0.428***	-0.350***	-0.378***	-0.285***
	(0.00)	(0.08)		(0.00)	(0.00)	(0.00)	(0.01)
economy		0.072***	$L_{economy}$		0.105***		0.027***
		(0.00)			(0.00)		(0.00)
people		1.547**	L_{people}		-0.245		0.517***
		(0.04)			(0.21)		(0.00)
size		0.175	L_{size}		0.439***		0.177***
		(0.42)			(0.00)		(0.00)
net		0.024	L_{net}		0.182***		-0.024*
		(0.68)			(0.00)		(0.05)
foreign		0.059	$L_{foreign}$		0.368		-0.878**
		(0.95)			(0.17)		(0.05)
时间固定	是	是		是	是	是	是
个体固定	是	是		否	否	否	否
AR (1)				0.245 0	0.361 9	0.224 7	0.306 3
AR (2)				0.338 5	0.231 5	0.348 6	0.317 2
Sargan 检验				0.391 9	0.593 6	0.308 8	0.869 3
观测数	280	280		210	210	245	245
N	35	35		35	35	35	35
R^2	0.580	0.719					
F	11.70***	19.68***					

注：①*表示 $p<0.1$，**表示 $p<0.05$，***表示 $p<0.01$；②模型（1）、（2）括号中为稳健标准误，其余为标准误。

考虑到惯性的影响，在静态面板模型的基础上加入了城市土地利用效率的一阶滞后项，并用解释变量的一阶滞后项进行回归，构建了动态面板模型对（5-2）式进行估计，表5-2中模型（3）～（6）为动态面板模型估计结果。考虑到模型中可能存在的内生性问题，采用 GMM 进行回归，该方法不用了解随机干扰项分布，也不用假设变量分布，能有效解决可能存在的内生性问题。使用 GMM 的前提是允许模型存在一阶序列相关，但不存在二阶和更高阶自相关。于是，对模型分别作 Arellano-Bond（AR（1）、AR（2））和 Sargan 检验。对于差分 GMM 模型，AR（1）和 AR（2）的检验结果表明，p 值在 10% 的显著性水平下接受了 AR（1）、AR（2）的原假设，即差分 GMM 符合不存在二阶和更高阶自相关的使用条件，通过了自相关检验。系统 GMM 模型均通过了 AR（1）检验和 AR（2）检验，不存在二阶和更高阶的自相关。另外，动态面板模型用到了工具变量，需要对模型中的工具变量进行过度识别检验，以验证其是否有效。从 Sargan 检验的 p 值可知，模型（3）～（6）接受了原假设，即模型中的工具变量是外生的，自相关检验、过度识别检验均通过，说明本书采用的差分 GMM 模型和系统 GMM 模型的估计结果是可靠的。

从表5-2模型（3）～（6）估计结果来看，市场分割的回归系数保持一致，对城市土地利用效率的影响为负，均通过了 1% 显著性水平检验，说明分割市场的存在确实在一定程度上阻碍了城市间的贸易往来，不利于城市间交流互联，进而限制了城市土地利用效率的提升。模型（3）、（5）、（6）的估计结果还显示，城市土地利用效率的一阶滞后项在 1% 显著性水平上对当期城市土地利用效率产生正向影响，这表明城市土地利用效率存在一定的惯性，一个城市以往的城市土地利用效率越高，现在的效率水平也会越高，这与本书的猜想一致。但这种影响在模型（4）中并没有得到体现。

从各控制变量的回归结果来看，经济发展水平（$L_{economy}$）在模型（4）和模型（6）中均显著为正，且通过了 1% 显著性水平检验，结果与静态面板模型相一致，经济发展水平越高的城市，其土地利用效率可能越高。人口密度（L_{people}）在模型（4）中的估计结果为负，但并不显著，在模型（6）中表现出 1% 显著性水平上的正向影响，与静态面板结果一致。两个模型中，城市规模（L_{size}）对城市土地利用效率的影响在 1% 水平上均显著为正，这表明城市规模较小时，对生产要素的吸纳能力较弱，难以形成规模经济效应，限制了城市土地利用效率的提升，随着城市规模的扩大，资本、劳动力等生产要素向城市聚集，并通过在产业间的优化配置实现了利用水平的提高。交通基础设施联通（L_{net}）对城市土地利用效率存在显著影响，但这种影响在两模型中表现并不稳定，在模型（4）中表现出 1% 显著性水平上的正向影响，在模型（6）中表现出 10% 显著性水平上的负向影响。模型（6）中对外开放水平（$L_{foreign}$）估计结果显著为负，并通过了 5% 显著性水平检验，说明对外开放水平越高，引入污染密集型产业可能越多，带来了严重的污染排放问题，土地利用过程中非期望产出增多使城市土地利用效率损失，"污染天堂假说"得到验证。模型（4）表现不显著。

二、空间面板数据模型回归

在进行空间面板数据模型回归之前，对城市土地利用效率的空间相关性进行检验是非常必要的。长三角区域城市土地利用效率的空间相关性检验结果如表 5-3 所示。从表中可以清楚地看出，在研究期间，长三角每一年城市土地利用效率的 Moran's I 均通过了 1% 显著性水平检验，Moran's I 数值范围分布在 0.133~0.229，大于 0，说明长三角地区城市土地利用效率并不是随机分布的，而是表现出地理空间上的正相关性，即长三角城市土地利用效率表现出空间相似值之间的空间集聚，高值与高值集聚分布，低值与低值集聚分布。

表 5-3　城市土地利用效率的空间相关性检验

年份/年	Moran's I	z	p
2013	0.215	7.626	0.000

年份/年	Moran's I	z	p
2014	0.218	7.692	0.000
2015	0.229	8.048	0.000
2016	0.211	7.485	0.000
2017	0.182	6.593	0.000
2018	0.151	5.690	0.000
2019	0.161	5.994	0.000
2020	0.133	5.136	0.000

　　表5-4为考虑了空间作用下的空间动态面板模型估计结果，可知市场分割对城市土地利用效率具有负向影响，在5%显著性水平上显著，与前文估计结果一致，进一步验证了本章研究的结果：市场分割显著地抑制了城市土地利用效率的提升，必须破除市场壁垒，加快统一大市场的建立。然而溢出效应在模型中的表现尚不显著。从控制变量来看，经济发展水平估计系数也与前文保持一致，对城市土地利用效率具有显著的促进作用。其余控制变量的估计结果均不显著。对模型进行过度识别检验，其原假设为过度识别限制有效。从 p 值可知，接受了原假设，即不存在过度识别，模型结果可靠。

表5-4　空间面板数据模型回归结果

空间动态面板模型			
$L_{\text{efficiency}}$	−0.051		
	(0.81)		
L_{mar}	−0.480**	$W \cdot L_{\text{mar}}$	−3.416
	(0.03)		(0.92)
L_{economy}	0.103***	$W \cdot L_{\text{economy}}$	−2.616
	(0.00)		(0.18)

续表

L_{people}	−1.170	$\boldsymbol{W} \cdot L_{people}$	25.196
	(0.45)		(0.75)
L_{size}	0.286	$\boldsymbol{W} \cdot L_{size}$	12.356
	(0.10)		(0.44)
L_{net}	0.008	$\boldsymbol{W} \cdot L_{net}$	−9.536*
	(0.93)		(0.07)
$L_{foreign}$	−0.210	$\boldsymbol{W} \cdot L_{foreign}$	56.823
	(0.93)		(0.72)

注：①*表示$p<0.1$，**表示$p<0.05$，***表示$p<0.01$；②模型括号中为标准误。

三、稳健性检验

为了验证前文结果的可靠性，下面从两个方面进行稳健性检验。

1. 缩尾处理

数据中极端值对估计结果也会产生影响，可能导致结果偏误。为了避免数据中极端值的存在使回归结果产生偏误，将所有变量上下1%缩尾，再进行回归，其估计结果如表5-5所示。从估计结果可知，去除极端值后，各个回归模型中的市场分割对城市土地利用效率的影响仍显著为负，因此，可以说明前文的回归结果是稳定的。

表5-5 缩尾处理后的估计结果

变量	静态面板		变量	动态面板			
				差分 GMM		系统 GMM	
	(1)	(2)		(3)	(4)	(5)	(6)
			$L_{efficiency}$	0.668***	−0.028	0.849***	0.195***
				(0.00)	(0.73)	(0.00)	(0.00)
mar	−1.133***	−0.641**	L_{mar}	−0.540***	−0.446***	−0.304**	−0.363***
	(0.00)	(0.03)		(0.00)	(0.00)	(0.02)	(0.00)

续表

变量	静态面板		变量	动态面板			
				差分 GMM		系统 GMM	
	（1）	（2）		（3）	（4）	（5）	（6）
economy		0.069***	$L_{economy}$		0.089***		0.030**
		（0.00）			（0.00）		（0.02）
people		1.644**	L_{people}		0.032		0.748***
		（0.01）			（0.83）		（0.00）
size		0.119	L_{size}		0.409***		0.114***
		（0.58）			（0.00）		（0.00）
net		−0.005	L_{net}		0.115***		−0.040***
		（0.91）			（0.00）		（0.00）
foreign		−0.000	$L_{foreign}$		0.132		−1.018***
		（1.00）			（0.57）		（0.00）
时间固定	是	是		是	是	是	是
个体固定	是	是		否	否	否	否
AR（1）				0.232 0	0.340 0	0.202 6	0.297 7
AR（2）				0.352 9	0.266 8	0.356 1	0.345 4
Sargan 检验				0.387 6	0.635 1	0.324 4	0.857 0
观测数	280	280		210	210	245	245
N	35	35		35	35	35	35
R^2	0.602	0.744					
F	12.56***	20.24***					

注：①* 表示 $p<0.1$，** 表示 $p<0.05$，*** 表示 $p<0.01$；②模型（1）、（2）括号中为稳健标准误，其余为标准误。

2. 变换指标测度方法

回归结果可能受指标测度方法的影响，为了避免前文显著的回归结果是因为特定测度方法产生的，对市场分割指数和城市土地利用效率均采用新方法进行测度，以检验回归结果的稳定性，如表5-6所示。前文市场分割指数是取两两城市组合间分割指数的平均值，默认城市组合间的权重相同，但城市间的市场分割更多表现为经济上的分割，不同城市组合间的影响不同，故按 GDP 重新确定权重，测度经济权重下的市场分割指数。同时，前文测度的效率是包含技术效率在内的综合效率，为此，将技术效率剔除，得到纯效率，将经济权重下的市场分割指数和纯效率代入系统 GMM 模型，并用逐步回归法进行稳健性检验。

表5-6　变换指标测度方法检验结果

变量	系统 GMM					
	（1）	（2）	（3）	（4）	（5）	（6）
L_{eff}	0.879***	0.819***	0.689***	0.710***	0.514***	0.509***
	（0.00）	（0.00）	（0.00）	（0.00）	（0.00）	（0.00）
L_{mar}	−0.160**	−0.146*	−0.232**	−0.243**	−0.415***	−0.362**
	（0.03）	（0.09）	（0.04）	（0.02）	（0.00）	（0.02）
$L_{economy}$		0.005**	0.013***	0.012***	0.024***	0.024**
		（0.05）	（0.00）	（0.00）	（0.00）	（0.04）
L_{people}			0.542***	0.627***	0.615***	0.664
			（0.00）	（0.00）	（0.00）	（0.11）
$L_{foreign}$				1.062**	2.383***	2.669***
				（0.03）	（0.00）	（0.00）
L_{net}					−0.043**	−0.039
					（0.04）	（0.10）
L_{size}						−0.007
						（0.93）
时间固定	是	是	是	是	是	是
个体固定	否	否	否	否	否	否

续表

变量	系统 GMM					
	(1)	(2)	(3)	(4)	(5)	(6)
AR (1)	0.002 4	0.002 6	0.003 9	0.002 5	0.003 3	0.012 8
AR (2)	0.782 9	0.718 8	0.520 9	0.552 9	0.392 8	0.424 2
Sargan 检验	0.221 3	0.188 3	0.296 6	0.440 2	0.653 5	0.767 4
观测数	245	245	245	245	245	245
N	35	35	35	35	35	35

注：①*表示 $p<0.1$，**表示 $p<0.05$，***表示 $p<0.01$；②模型括号中为标准误。

  表 5-6 中展示了经济权重下的市场分割指数和纯效率在系统 GMM 模型中逐步回归的结果。从表中可以看出，市场分割指数的回归结果均显著，系数始终为负，与前文的回归结果保持一致，这说明变换了市场分割指数及城市土地利用效率的测度方法后，市场分割对城市土地利用效率依然具有消极阻碍作用，前文的回归结果是相对稳定、可靠的。

第四节　影响渠道检验

  为了检验区域市场一体化对城市土地利用效率的潜在影响渠道，将结合第二章的机理分析，以产业结构合理化（structure）、产业结构高级化（advance）和创新水平（innovation）为变量，进行影响渠道检验。鉴于传统逐步回归法检验存在统计检验功效低，效应的估计可能存在偏误（Judd and Kenny, 1981）的问题，借鉴江艇（2022）在约简主义方法论框架下的检验思路，提出几个可以反映解释变量对被解释变量的作用渠道变量，而该变量对被解释变量的影响应该是直接而显然的，故无须再对该变量和被解释变量的因果关系进行检验。参考江艇的操作建议，构建如下渠道检验模型：

$$Y = \alpha_0 + \alpha_1 X + \varepsilon_Y \tag{5-5}$$

$$M = \eta_0 + \eta_1 X + \varepsilon_M \tag{5-6}$$

其中，X 是解释变量；Y 是被解释变量；M 是影响渠道变量。影响渠道检验的一般步骤：第一步，首先做 Y 对 X 的回归，以检验回归系数 α_1 是否显著。若显著，则进行下一步检验；若不显著，则停止检验。第二步，做 M 对 X 的回归，以检验回归系数 η_1 是否显著。若显著，则说明该影响变量是潜在的影响渠道；若不显著，则说明该影响变量并不是潜在的影响渠道，停止检验。

一、产业结构合理化

产业结构合理化能反映产业间协调程度和资源有效利用程度，以往学者在衡量产业结构合理化时，一般选用结构偏离度，公式如下：

$$E = \sum_{i=1}^{n} \left| \frac{Y_i / L_i}{Y/L} - 1 \right| = \sum_{i=1}^{n} \left| \frac{Y_i/Y}{L_i/L} - 1 \right| \tag{5-7}$$

式中：E 为结构偏离度；Y 为产值；L 为就业人数；i 代表产业；n 代表部门数。E 的值越大，产业结构越不合理。当经济达到均衡状态时，各部门生产率相同，即 $Y_i / L_i = Y/L$，此时 $E = 0$，但现实中非均衡才是常态，故 E 不为 0，结构偏离度忽略各产业重要性不同这一点，绝对值的计算也给研究带来了诸多不便，后续，学者引入了泰尔指数（又称泰尔熵）解决了这一问题。本书借鉴干春晖等（2011）重新定义优化的泰尔指数，衡量产业结构合理化，其公式如下：

$$\text{structure} = \sum_{i=1}^{n} \left(\frac{Y_i}{Y} \right) \ln \left(\frac{Y_i}{L_i} / \frac{Y}{L} \right) \tag{5-8}$$

泰尔指数考虑了各产业重要性不同，并保留了结构偏离度的含义，能更好地度量产业结构合理化，当泰尔指数不为 0 时，说明产业结构并不均衡。

表 5-7 中模型（1）、模型（2）为差分 GMM 模型产业结构合理化的渠道检验结果，模型（3）、模型（4）为系统 GMM 模型的影响渠道检验结果。

对于差分 GMM 模型，模型（1）为城市土地利用效率对市场分割指数的回归结果，回归系数为-0.350，且在 1% 的水平下显著，进行下一步检验。模型（2）中产业结构合理化对市场分割指数的回归系数为-0.115，且在 1% 的显著性水平下显著，影响渠道检验通过，说明市场分割会通过降低产业结构合理化水平对城市土地利用效率产生负向影响。对于系统 GMM 模型，模型（3）为城市土地利用效率对市场分割指数的回归结果，回归系数为-0.285，且在 1% 的水平下显著，进行下一步检验。模型（4）中产业结构合理化对市场分割指数的回归结果并不显著，因此影响渠道检验未通过。可见，产业结构合理化作为区域市场一体化影响城市土地利用效率的潜在渠道并不稳定。

表 5-7　产业结构合理化影响渠道检验结果

变量	差分 GMM		系统 GMM	
	（1）	（2）	（3）	（4）
	efficiency	structure	efficiency	structure
$L_{efficiency}$	-0.115		0.161***	
	（0.28）		（0.00）	
$L_{structure}$		1.410***		1.096***
		（0.00）		（0.00）
L_{mar}	-0.350***	-0.115***	-0.285***	-0.051
	（0.00）	（0.00）	（0.01）	（0.43）
$L_{economy}$	0.105***	0.025***	0.027***	-0.000
	（0.00）	（0.00）	（0.00）	（0.97）
L_{people}	-0.245	-1.061***	0.517***	-0.390***
	（0.21）	（0.00）	（0.00）	（0.00）
L_{size}	0.439***	0.003	0.177***	0.020**
	（0.00）	（0.96）	（0.00）	（0.04）

续表

变量	差分 GMM		系统 GMM	
	（1）	（2）	（3）	（4）
	efficiency	structure	efficiency	structure
L_{net}	0.182***	0.240***	−0.024*	0.111***
	（0.00）	（0.00）	（0.05）	（0.00）
$L_{foreign}$	0.368	0.955***	−0.878**	−0.294***
	（0.17）	（0.00）	（0.05）	（0.00）
时间固定	是	是	是	是
个体固定	否	否	否	否
AR（1）	0.361 9	0.051 6	0.306 3	0.031 4
AR（2）	0.231 5	0.259 2	0.317 2	0.353 5
Sargan 检验	0.593 6	0.310 3	0.869 3	0.557 8
观测数	210	210	245	245
N	35	35	35	35

注：①*表示 $p<0.1$，**表示 $p<0.05$，***表示 $p<0.01$；②模型括号中为标准误。

二、产业结构高级化

产业结构高级化是产业结构优化升级的过程，主要表现为一、二、三产业的产值比重依次上升（付凌晖，2010），计算产业结构高级化的步骤主要有三步：第一步，计算三次产业增加值占 GDP 比重，构成 3 维向量 $X_0 = (x_{1,0}, x_{2,0}, x_{3,0})$；第二步，依次计算 X_0 与一、二、三产业向量 $X_1 = (1, 0, 0)$，$X_2 = (0, 1, 0)$，$X_3 = (0, 0, 1)$ 的夹角 θ_1，θ_2，θ_3；第三步，对第二步所得 X_0 与三次产业的夹角进行汇总求和，得到产业结构高级化 advance，其值越大，产业结构越高级。

$$\theta_j = \arccos\left(\frac{\sum\limits_{i=1}^{3}(x_{i,j} \cdot x_{i,0})}{\sum\limits_{i=1}^{3}(x_{i,j}^2)^{1/2} \cdot \sum\limits_{i=1}^{3}(x_{i,0}^2)^{1/2}}\right), \quad j=1,2,3 \qquad (5-9)$$

$$advance = \sum_{k=1}^{3}\sum_{j=1}^{3}\theta_j \qquad (5-10)$$

表5-8中模型（1）、（2）为差分GMM模型产业结构高级化的影响渠道检验结果，模型（3）、（4）为系统GMM模型渠道检验结果。在差分GMM模型中，模型（1）城市土地利用效率对市场分割的回归系数为-0.350，且在1%水平下显著，进行下一步检验。模型（2）产业结构高级化对市场分割的回归系数为-0.390，且在1%的水平下显著，检验通过。在系统GMM模型中，模型（3）城市土地利用效率对市场分割的回归系数为-0.285，且在1%显著性水平下显著，进行下一步检验。模型（4）产业结构高级化对市场分割的回归系数为-0.458，且在5%水平下显著，渠道检验通过。差分GMM模型与系统GMM模型均通过了影响渠道检验，说明市场分割的存在会限制产业结构的高级化水平，进而限制城市土地利用效率的提升，且这一影响渠道是稳定的。

表5-8 产业结构高级化影响渠道检验结果

变量	差分 GMM		系统 GMM	
	（1）	（2）	（3）	（4）
	efficiency	advance	efficiency	advance
$L_{efficiency}$	-0.115		0.161***	
	（0.28）		（0.00）	
$L_{advance}$		0.550***		0.879***
		（0.00）		（0.00）
L_{mar}	-0.350***	-0.390**	-0.285***	-0.458**
	（0.00）	（0.01）	（0.01）	（0.02）

续表

变量	差分 GMM		系统 GMM	
	（1）	（2）	（3）	（4）
	efficiency	advance	efficiency	advance
$L_{economy}$	0.105***	−0.040***	0.027***	0.013***
	（0.00）	（0.00）	（0.00）	（0.00）
L_{people}	−0.245	0.176	0.517***	−0.662*
	（0.21）	（0.33）	（0.00）	（0.10）
L_{size}	0.439***	−0.308***	0.177***	−0.072**
	（0.00）	（0.01）	（0.00）	（0.02）
L_{net}	0.182***	0.069***	−0.024*	0.098***
	（0.00）	（0.00）	（0.05）	（0.00）
$L_{foreign}$	0.368	0.999***	−0.878**	1.559***
	（0.17）	（0.01）	（0.05）	（0.00）
时间固定	是	是	是	是
个体固定	否	否	否	否
AR（1）	0.361 9	0.001 3	0.306 3	0.000 3
AR（2）	0.231 5	0.736 1	0.317 2	0.729 5
Sargan 检验	0.593 6	0.096 4	0.869 3	0.432 2
观测数	210	210	245	245
N	35	35	35	35

注：①*表示 $p<0.1$，**表示 $p<0.05$，***表示 $p<0.01$；②模型括号中为标准误。

三、创新水平

创新是一种充分利用现有知识与资源条件，将新的生产要素和生产条件组合引入生产环节，改进或创造新的产品、技术和方法等，进而获得高效益的行为。本章研究汇总用人均专利授权数（件/万人）衡量创新水平。

ln（innovation）= ln（人均专利授权数）= ln（专利授权数/常住人口）

$$(5-11)$$

表5-9中模型（1）、模型（2）为差分GMM模型创新水平的影响渠道检验结果，模型（3）、（4）为系统GMM模型的影响渠道检验结果。在差分GMM模型中，模型（1）为城市土地利用效率对市场分割的回归结果，回归系数为-0.350，且在1%水平下显著，进行下一步检验。模型（2）中创新水平对市场分割的回归系数为-1.087，在1%水平下显著，检验通过。在系统GMM模型中，模型（3）为城市土地利用效率对市场分割的回归结果，回归系数为-0.285，且在1%水平下显著，进行下一步检验。模型（4）中创新水平对市场分割的回归系数为-1.113，且在10%水平下显著，检验通过。差分GMM模型与系统GMM模型均通过了影响渠道检验，即市场分割的存在会限制城市间的创新水平，进而制约城市土地利用效率的提升。

表5-9　创新水平影响渠道检验结果

变量	差分 GMM		系统 GMM	
	（1）	（2）	（4）	（5）
	efficiency	ln（innovation）	efficiency	ln（innovation）
$L_{efficiency}$	-0.115		0.161***	
	(0.28)		(0.00)	
$L_{ln(innovation)}$		0.606***		0.741***
		(0.00)		(0.00)
L_{mar}	-0.350***	-1.087***	-0.285***	-1.113*
	(0.00)	(0.01)	(0.01)	(0.08)
$L_{economy}$	0.105***	-0.059***	0.027***	0.006
	(0.00)	(0.00)	(0.00)	(0.32)
L_{people}	-0.245	-1.705	0.517***	0.696
	(0.21)	(0.15)	(0.00)	(0.59)

续表

变量	差分 GMM		系统 GMM	
	（1）	（2）	（4）	（5）
	efficiency	ln（innovation）	efficiency	ln（innovation）
L_{size}	0.439***	-0.548	0.177***	0.019
	（0.00）	（0.23）	（0.00）	（0.37）
L_{net}	0.182***	-0.145**	-0.024*	-0.012
	（0.00）	（0.04）	（0.05）	（0.88）
$L_{foreign}$	0.368	-2.595**	-0.878**	0.294
	（0.17）	（0.02）	（0.05）	（0.81）
时间固定	是	是	是	是
个体固定	否	否	否	否
AR（1）	0.3619	0.0002	0.3063	0.0001
AR（2）	0.2315	0.5118	0.3172	0.4719
Sargan 检验	0.5936	0.2732	0.8693	0.5028
观测数	210	210	245	245
N	35	35	35	35

注：①*表示 $p<0.1$，**表示 $p<0.05$，***表示 $p<0.01$；②模型括号中为标准误。

第五节　本章小结

本章根据第三章机理分析框架，以长三角区域 35 个地级及以上城市为例，将市场分割指数作为市场一体化水平的负向指标，综合运用非空间面板数据模型和空间面板数据模型实证检验了市场分割对城市土地利用效率的影响效应及影响渠道。初步得出以下几点结论：①市场分割指数对城市土地利用效率具有显著的负向影响，即市场分割的存在确实阻碍了城市土地利用效率的提升；②城市土地利用效率存在一定的惯性，一个城市以往的城市土地利用效率越高，现在的城市土地利用效率也会越高；③城市土地利用效率存在空间正相关性，表现为空间相似值之间的集聚分布，但研究期内这种空间相关性呈减弱趋势；④产业结构合理化、产业结构高级化、创新水平是市场分割影响城市土地利用效率的渠道，比较而言，产业结构高级化和创新水平是比较稳定的影响渠道，而产业结构合理化作为市场分割影响城市土地利用效率的影响渠道则相对没那么稳定。

第六章

研究结论与政策建议

本研究按照"分析框架构建—动态演变分析—实证分析—政策建议"的思路开展研究。首先，基于区域经济一体化理论、要素流动理论、可持续发展理论和外部性理论等，探讨了综合铁路网络联系、高铁网络联系和信息网络联系对城市土地利用效率的直接影响机理和间接影响机理；从市场规模效应、市场竞争效应和资源配置效应三方面构建理论分析框架，从理论上厘清区域市场一体化对城市土地利用效率的作用机理。其次，基于列车班次数据、百度指数数据、商品市场零售价格指数和城市土地利用相关数据，对长三角地级及以上城市的综合铁路联系强度、高铁联系强度、信息网络联系强度、商品市场分割指数和城市土地利用效率进行测度，并对相关变量的空间分布格局、动态演进特征等进行深入探索，为实证检验提供基础。进而通过控制年份效应和地区效应的固定效应模型，实证检验了综合铁路网络、高铁网络与信息网络的点度中心度和中间中心度对城市土地利用效率的直接影响，利用中介效应模型实证检验了综合铁路网络通过影响市场规模和创新水平对城市土地利用效率产生的间接影响，以及高铁网络与信息网络通过影响城市创新水平及产业结构合理化水平、高级化水平对城市土地利用效率产生的间接影响。同时也分析了综合铁路网络联系、高铁网络联系与信息网络联系影响的空间溢出效应，基于空间滞后模型、空间误差模型及空间杜宾模型进行了相关实证检验。综合运用非空间面板数据模型和空间面板数据模型，

174

就市场分割对城市土地利用效率的影响效应进行实证检验，并借鉴约简主义方法论框架下的检验思路，检验市场分割对城市土地利用效率的影响渠道。最后，基于实证研究结果提出了相关政策建议，以期为推动区域一体化发展、加快区域统一市场建设、促进城市土地利用效率提升提供实践参考。

第一节 研究结论

在长三角区域一体化因素与城市土地利用效率的动态演变特征方面，主要得出了如下研究结论。

①长三角综合铁路网络体系、高铁网络体系和信息网络体系均形成了以上海市、南京市及杭州市为主要中心，向周边区域发散的结构，合肥市居于安徽省网络体系的中心。从城市群全局视角看，长三角南部地区和北部地区的综合铁路网络联系强度、高铁网络联系强度和信息网络联系强度均处于较低的水平，中部地区的网络联系强度最高，形成了一个"Z字"形走廊，呈现较为典型的"核心-边缘"结构特征。

②从整体上看，研究期内长三角区域市场一体化水平、城市土地利用效率呈现明显上升趋势。从动态演变特征上看，研究期内市场分割指数和城市土地利用效率的核密度曲线均由"双峰"向"单峰"转变，极化现象逐渐消失，研究期内市场分割程度的差距先变大后变小，总体上差距在变小，而城市土地利用效率水平的差距在逐渐变大。

在网络联系对长三角城市土地利用效率的影响方面，主要得出了如下研究结论。

①从网络联系对城市土地利用效率的直接影响效应来看，综合铁路网络、高铁网络和信息网络的点度中心度均对城市土地利用效率产生了显著的正向影响，表明网络联系强度的提升直接带动了城市土地利用效率的提升，其中，高铁网络联系强度和信息网络联系强度的影响系数显著性水平较高，

综合铁路联系强度的影响系数显著性水平较低。高铁网络中间中心度对城市土地利用效率具有显著的正向影响，铁路网络中间中心度的影响则并不显著。

②从网络联系对城市土地利用效率的间接影响来看，综合铁路网络联系强度对市场规模与城市创新水平均产生了显著的正向影响，但将市场规模和城市创新水平这两个变量带入城市土地利用效率影响因素模型进行进一步检验时发现，综合铁路网络联系强度并不能通过促进城市创新水平提升和推动市场规模扩张来间接影响城市土地利用效率。高铁网络联系和信息网络联系的影响渠道检验中选取的中介变量均为城市创新水平和产业结构合理化程度。通过实证检验发现，高铁网络联系强度对城市创新水平和产业结构合理化程度均产生了显著的正向影响，在进一步的检验中发现，高铁网络联系通过影响产业结构合理化程度来影响城市土地利用效率。信息网络联系并未通过影响创新水平和产业结构合理化程度对城市土地利用效率产生影响。

③从网络联系对城市土地利用效率影响的空间溢出效应来看，综合铁路网络联系强度的提升产生了正向的空间溢出效应，表明综合铁路网络联系强度高的地区有利于带动周边城市发展，推动周边城市资源整合，进而带动周边城市土地利用效率的提升。高铁网络联系强度和信息网络联系强度的提升则产生了负向的空间溢出效应。表明某一城市对外高铁联系和信息联系的加强，能够提升该城市生产要素的边际产出和要素价格，进而吸引要素由邻近城市流入本地。这种"要素虹吸"不利于其他城市要素集聚度的提升，并会对其他城市的土地利用效率产生负向影响。

在区域市场一体化对长三角城市土地利用效率的影响方面，主要得出了如下研究结论。

①关于市场分割对城市土地利用效率的影响效应，研究发现市场分割对城市土地利用效率具有显著的负向影响，即市场分割的存在确实在一定程度上阻碍了城市间的商品贸易往来，限制了规模效应、竞争效应与配置效应的发挥，进而限制了城市土地利用效率的提升。且城市土地利用效率存在一定

的惯性，一个城市以往的城市土地利用效率水平越高，当期的城市土地利用效率也会越高。

②关于市场分割对城市土地利用效率的影响渠道，研究发现产业结构合理化、产业结构高级化和创新水平是市场分割影响城市土地利用效率的渠道，即市场分割的存在导致产业无法在空间上充分集聚、交流合作、重新调整布局与结构，会限制城市间的产业结构合理化水平、产业结构高级化水平及创新水平，进而制约城市土地利用效率的提升。比较而言，产业结构高级化和创新水平作为市场分割影响城市土地利用效率水平的影响渠道是比较稳定的，而产业结构合理化作为市场分割影响城市土地利用效率的影响渠道则没有那么稳定。

第二节 政策建议

本书的研究结果表明，综合铁路网络、高铁网络和信息网络联系强度的提高不仅促进了本城市土地利用效率的提升，也产生了显著的空间溢出效应。因而，应更好发挥各类网络联系在优化产业结构、促进创新方面的作用，并加强区域内的经济和技术合作，以促进区域土地利用效率的整体性提升。同时，应充分利用网络联系强化所带来的贸易便利性提升，促进区域边缘城市具有比较优势产业的发展，以缓解虹吸效应所产生的负面影响。综上所述，就依托各类网络联系促进长三角城市土地利用效率提升提出如下政策建议。

①完善优化已有的铁路网络架构，加大铁路网络建设投入。提高铁路网络密度是推动各城市和地区协调发展、提高资源配置效率，进而提高城市土地利用效率的重要举措。研究发现提升综合铁路网络联系强度不仅对本城市土地利用效率具有显著的正向影响，也对周边城市的土地利用效率产生了正向影响，同时铁路网络的不断完善也符合当今可持续发展理念的要求，能够

减少私家车的使用量，有助于推动经济社会发展绿色转型。

②积极推进城市高铁建设，加快与高铁相应的基础设施建设。从本研究中发现，高铁网络联系强度对城市土地利用效率的影响最为显著，高铁不仅能够直接拉动城市土地利用效率的提升，也能够通过提高城市创新水平和产业结构合理化程度来提高城市土地利用效率，因此积极推进高铁建设至关重要，特别是目前高铁建设较为落后的地区，应该更重视本地的高铁建设。同时，也要优化高铁站点布局，建立以高铁网络中心城市为枢纽的高铁网络体系，充分发挥高铁网络中心城市的引领作用，拉动非中心城市的进一步发展。对于高铁建设尚不发达的非中心城市，高铁的开通不仅有机遇，也有挑战，高铁网络产生的显著的"虹吸效应"值得重视。非中心城市一方面要依靠高铁网络的连接作用，加快提高其与中心城市的连接强度，使得自身的发展向中心城市的发展靠拢，从多方面学习吸纳中心城市的优秀的发展经验，有针对性地引进并借鉴中心城市的优秀生产技术等，根据自身情况进行调整，转变为适合自身发展的高端技术。另一方面，由于各地区交通条件、基础设施等的差异性，高铁发展的具体方式也存在一定的差异，即要根据自身实际情况，推动与高铁建设相关联的一系列基础设施的建设。

③充分发挥铁路建设在促进产业结构优化、推动创新方面的作用并加强政策协同。在铁路发展过程中应充分发挥其促进要素跨地区流动、优化要素资源配置，以及降低信息和知识传播成本、促进交流合作的作用，并注重同步加强区域市场一体化建设、区域协同创新，从而形成政策合力，各类政策共同促进产业结构优化、推动创新。

④依托铁路网络加强区域内经济和技术合作，促进区域协调发展。一方面，在区域交通一体化进程中应通过建设合作产业园、推动产业有序转移等方式强化区域内的经济合作，在缓解发达城市土地资源短缺等约束的同时，有效解决相对落后城市产业资本导入不足的问题。有高铁连通的城市应充分发挥高铁站周边区域人流量大的优势，在高铁新城建设中有序发展商贸物流、商务会展、住宿餐饮、文化娱乐等产业。另一方面，应通过铁路交通建

设促进由区域核心城市向边缘城市的知识溢出和技术扩散，并努力提升技术转移服务机构的对接服务能力，更好满足相对落后城市的技术需求。

⑤推动本地特色文化建设，提升本地城市综合实力与独特吸引力。在如今的信息化社会中，信息网络建设也需要引起政府的高度重视。本研究的实证分析结果表明，信息网络联系强度对城市土地利用效率有显著的正向影响，中心城市由于其较为优越的经济、生活条件更容易吸引更多的生产要素，这就要求非中心城市在信息化浪潮中发现属于自己的闪光点，来遏制信息网络带来的"虹吸效应"。在当前的信息化社会中，"网红"现象屡见不鲜，只有不断挖掘地区自身的特点并将它发挥出来，才可能提高自身的吸引力，吸引生产要素向自身倾斜，进而提高城市土地利用效率。

随着区域市场一体化进程的持续推进，研究土地高效利用、不断提高城市土地利用效率，既要破除市场分割壁垒，又要建立统一市场规则；既要考虑区域整体的综合实力，又要考虑城市间的发展差异；既要发挥中心城市的带头引领作用，又要促使中小城市找准功能定位。在推进市场一体化进程中，充分发挥各地比较优势，优化资源配置。综上所述，就依托区域统一市场建设促进长三角城市土地利用效率提升提出如下政策建议。

①破除市场分割壁垒，打通制约经济的关键堵点。全局发展要求从区域整体看待发展问题，提高长三角城市土地利用效率，要树立区域高质量协同发展目标，建立统一开放大市场，打破市场壁垒是前提。总地来说，破除行政壁垒，要重点把握好两个关键。一是处理好市场与政府的关系。发挥市场在资源配置中的决定性作用，更好发挥政府作为市场稳定器的作用，两者各司其职、互为补充。另一个是处理好中央与地方的关系。一方面，中央应从长三角整体出发，调整对地方政府的激励政策，放弃短期绩效考核，对积极推动长三角市场一体化建设、取得突出成效的城市予以奖励；另一方面，应赋予地方一定的自主权，保证地方政府因地制宜，灵活精准施策。具体而言，必须清理地方保护、指定交易等阻碍市场公平竞争的政策规定，废除对外地企业的歧视性政策，为加快建立开放大市场提供前提，依托统一大市场

的规模经济效应打通制约经济增长的关键堵点，充分释放经济增长潜力。

②加快建立统一的市场规则，维护竞争秩序。除了做好破除市场分割壁垒等相关政策规定外，还要做好公开公平公正的统一市场规则的建立，坚持破立并举，从制度建设着手，着力解决制度缺位问题，维护竞争秩序。因此，一要完善产权保护制度。依法保护企业产权，切实保障企业家人身财产安全；完善知识产权跨区域管辖制度，促进地区联动维护知识产权主体利益。二要完善市场准入制度。严格实行"全国一张清单"管理模式，维护市场准入制度的统一性、严格性、权威性。三要维护公平竞争制度。应平等对待市场中的各类主体，建立健全公平竞争政策体系，降低制度性交易成本，完善反垄断政策体系，严肃处理不正当竞争行为。

③立足产业发展实际，促进产业结构高级化。区域市场一体化通过产业结构高级化对城市土地利用效率产生稳定的正向影响。在当前大力发展现代服务业、高新技术产业等新业态背景下，地方政府应当立足当地资源优势和产业发展实际，针对性地制定产业发展策略，充分发挥地区比较优势，加快传统产业的转型升级，支持现代服务业的发展，促进产业结构高级化。推动产业结构高级化，还必须重视产业结构合理化的基础性作用，明确产业结构合理化的重要性，达到提升土地利用效率与降低环境负效应的双重目的。

④发挥中心城市引领作用，扩大辐射范围。长三角内部发展不平衡，短时间内难以实现市场一体化全覆盖。提高长三角城市土地利用效率，要充分发挥中心城市的带动作用，并通过对外开放和资源共享向周边城市辐射，带动相关产业链联动发展。同时中小城市也要根据自身的资源优势，找准发展定位，抓住发展机会，缩小与中心城市之间的差距，助力长三角城市群协同进步目标的实现。作为长三角区域经济增长点，上海、南京、苏州和杭州等中心城市应承担集聚资源、辐射带动周边城市的主导功能。一方面，强化资源集聚能力，吸引多元化、专业化产业集聚，引领长三角经济高质量发展。另一方面，强化中心城市服务大局的责任意识，助力中小城市补短板强弱项，推动劳动、资本和技术等资源流通，引导要素合理配置，形成大城市引

领下各中小城市协调发展的空间格局，推动区域协调发展向更高水平迈进。中小城市则通过主动吸引、承接中心城市的辐射效应，进行产业转型探索。

⑤提高科技水平，增强自主创新能力。技术创新作为产业结构升级和土地高效利用的内在推动力，对区域一体化与土地利用有着显著的正向影响。要充分发挥大市场的丰富应用场景、放大创新优势，引导创新资源有序流动、有效配置，促进创新意识与创新行为向创新成果转变，完善创新成果市场化应用的相关政策规定，更好地支撑科技创新，推动新兴产业向前发展。同时，在大数据时代背景下，应着力构建信息共享平台，资源互动平台等，依托平台促进各类资源充分交流与沟通，打破信息壁垒，激发市场主体创新活力，发挥企业家精神，政府也应持续推进"放管服"改革，进一步降低企业制度性交易成本和商品流通成本，畅通生产、流通、销售等环节，塑造公平透明有序的营商环境。

参考文献

［1］Andrabi T, Kuehlwein M, 2010. Railways and Price convergence in British India ［J］. The Journal of Economic History, 70 （02）: 351-377.

［2］Angel S, Blei A M, 2016. The productivity of American cities: How densification, relocation, and greater mobility sustain the productive advantage of larger U. S. metropolitan labor markets ［J］. Cities, 51: 36-51.

［3］Auer P, 2006. Protected mobility for employment and decent work: labor market security in a globalized world ［J］. Journal of Industrial Relations, 48 （1）: 21-40.

［4］Behrens K, Pokrovsky D, Zhelobodko E, 2018. Market size, occupational self-selection, sorting, and income inequality ［J］. Journal of Regional Science, 58: 38-62.

［5］Bloom N, Schankerman M, Reenen J V, 2013. Identifying Technology Spillovers and Product Market Rivalry ［J］. Econometrica, 81 （4）: 1347-1393.

［6］Brezzi M, Veneri P, 2015. Assessing polycentric urban systems in the OECD: country, regional and metropolitan perspectives ［J］. European Planning Studies, 23 （6）: 1128-1145.

［7］Brunsdon C, Fotheringham A S, Charlton M E, 1998. Geographically weighted regression: A method for exploring spatial non – stationarity ［J］. Geographical analysis, 28: 281-298.

［8］ Buckley P J, Clegg J, Cross A R, et al. , 2007. The determinants of Chinese outward foreign direct investment ［J］. Journal of International Business Studies, 38 (4): 499-518.

［9］ Cao X, Liu Y, Li T, et al. , 2019. Analysis of Spatial Pattern Evolution and Influencing Factors of Regional Land Use Efficiency in China Based on ESDA-GWR ［J］. Scientific Reports, 9 (520).

［10］ Castells. M, 1996. The rise of the network society ［M］. Oxford: Blackwell.

［11］ Chen Z, Tang J, Wan J, et al. , 2017. Promotion incentives for local officials and the expansion of urban construction land in China: Using the Yangtze River Delta as a case study ［J］. Land Use Policy, 63: 214-225.

［12］ Combes P P, Mayer T, Thisse J F, 2008. Economic Geography: The Integration of Regions and Nations ［M］. Princeton University Press.

［13］ Cui X, Fang C, Wang Z, et al. , 2019. Spatial relationship of high-speed transportation construction and land-use efficiency and its mechanism: Case study of Shandong Peninsula urban agglomeration ［J］. Journal of Geographical Sciences, 29 (04): 549-562.

［14］ Derudder, B. , Taylor, P. J, 2018. Central flow theory: comparative connectivities in the world – city network ［J］. Regional Studies, 52 (08): 1029-1040.

［15］ Dicken P, Kelly P F, Olds K, et al, 2001. Chains and networks, territories and scales, towards a relational framework for analysing the global economy ［J］. Global Networks, 1 (2): 89-112.

［16］ Dong X F, Zheng S Q, Matthew E K, 2020. The role of transportation speed in facilitating high skilled teamwork across cities ［J］. Journal of Urban Economics, 115: 103212.

［17］ Farber S, Yeates M, 2006. A comparison of localized regression models in a hedonic house price context [J]. Canadian Journal of Regional Science, 29: 405-420.

[18] Fotheringham A S, Charlton M E, Brunsdon C, 1996. The geography of parameter space: an investigation of spatial non-stationarity [J]. Geographical Information Systems, 10 (5): 605-627.

[19] Gordon H, 1996. Hanson. Economic Integration, Intraindustry Trade, and Frontier Regions [J]. European Economic Review, 40: 941-949.

[20] Han X, Zhang A L, Cai Y Y, 2021. Spatio-Econometric Analysis of Urban Land Use Efficiency in China from the Perspective of Natural Resources Input and Undesirable Outputs: A Case Study of 287 Cities in China [J]. Public Health, 17: 7297.

[21] Huang B, Wu B, Barry T, 2010. Geographically and temporally weighted regression for spatio-temporal modeling of house prices [J]. International Journal of Geographical Information Science, 24 (3): 383-401.

[22] Jong-Ⅱ Choe, 1996. An Impact of Economic Integration ThroughTrade: on Business Cycles for 10 East Asian Countries [J]. Journal of Asian Economics, 12: 569-586.

[23] Judd C M, Kenny D A, 1981. Process Analysis: Estimating Mediation in treatment Evaluations [J]. Evaluation Review, 5 (5): 602-619.

[24] Jiao J, Wang J, Zhang F, et al, 2020. Roles of accessibility, connectivity and spatial interdependence in realizing the economic impact of high-speed rail: Evidence from China [J]. Transport Policy, 91: 1-15.

[25] Kim S J, Byun J H, 2020. Identifying spatiotemporally-varying effects of a newly built subway line on land price: Difference and correlation between commercial and residential uses [J]. International Journal of Sustainable Transportation, 15 (5): 364-374.

[26] Kim Y H, 2007. Impacts ofregional economic integration on industrial

relocation through FDI in East Asia [J]. Journal of Policy Modeling, 29 (1):
165-180.

[27] Krugman P, 1991. Increasing returns and economic geography [J].
Journal of Political Economy, 99 (3): 483-499.

[28] Krugman, 1993. The Lessons of Massachusetts for EMU. In F. Torres
F. Giavazzi (ed.) Adjustment and Growthinthe European Monetary Union
[M]. London: Cambridge University Press.

[29] Krugman P, Venables A J, 1995. Globalization and the inequality of
nations [J]. The Quarterly Journal of Economics, 110 (4): 857-880.

[30] Lee J H, 2020. An Analysis of Urban Land Use Efficiency in Seoul by
Relationship between Development Density and Land Value [J]. KOREA REAL
ESTATE ACADEMY REVIEW, 49: 5-17.

[31] Lesage J, Pace R K, 2009. Introduction to Spatial Econometrics
[M]. Boca Raton: Taylor & Francis: 34-39.

[32] Li L, Ma S, Zheng Y, et al, 2022. Integrated regional development:
comparison of urban agglomeration policies in China [J]. Land Use Policy,
114: 105939.

[33] Li J, Li Z, Sun P, 2018. Does the razor's edgeexist ? new evidence of
the law of one price in China (1997-2012) [J]. The World Economy, 41
(12): 3442-3466.

[34] Liu S, Ye Y, Li L, 2021. Spatial-Temporal Analysis of Urban Land-
Use Efficiency: An Analytical Framework in Terms of Economic Transition and
Spatiality [J]. Sustainability, 11 (18397).

[35] Liu Y, Zhang Z, Zhou Y, 2018. Efficiency of construction land
allocation in China: An econometric analysis of panel data [J]. Land Use Policy,
74: 261-272.

[36] Lu X, Kuang B, Li J, 2018. Regional difference decomposition and

policy implications of China's urban land use efficiency under the environmental restriction [J]. Habitat International, 77: 32-39.

[37] Lu S, Wang H, 2022. Market-oriented reform and land use efficiency: Evidence from a regression discontinuity design [J]. Land Use Policy, 115: 106006.

[38] Masini E, Tomao A, Barbati A, et al., 2019. Urban Growth, Land-use Efficiency and Local Socioeconomic Context: A Comparative Analysis of 417 Metropolitan Regions in Europe [J]. Environmental Management, 63 (3): 322-337.

[39] Naughton B, 1999. How Much Can Regional Integration Do to Unify China's Markets? [R]. Conference for Research on Economic Development and Policy, Stanford University.

[40] Otsuka A, 2020. Inter-regional networks and productive efficiency inJapan [J]. Papers in Regional Science, 99 (1): 115-133.

[41] Parsley D C, Wei Shang-Jin, 2001. Explaining the border effect: the role of exchange rate variability, shipping costs, and geography [J]. Journal of International Economics, 55 (2001): 87-105.

[42] Peng C, Xiao H, Liu Y, et al., 2017. Economic structure and environmental quality and their impact on changing land use efficiency in China [J]. Frontiers of Earth Science, 11 (2): 372-384.

[43] Qiao L, Huang H, Tian Y, 2019. The Identification and Use Efficiency Evaluation of Urban Industrial Land Based on Multi-SourceData [J]. Sustainability, 11 (614921).

[44] Rekiso Z S, 2017. Rethinking regional economic integration in Africa as if industrialization mattered [J]. Structural Change and Economic Dynamics, 43: 87-98.

[45] Samuelson P, 1964. Theoretical Note on TradeProblem [J]. Review of

Economics and Statistics, 46 (2): 145-154.

[46] Scitovsky T, 1954. Two Concepts of External Economies [J]. Journal of Political Economy, 62 (2): 143-151.

[47] Seto K C, Fragkias M, Güneralp B, et al., 2011. A meta-analysis of global urban land expansion [J]. PLOS ONE, 6 (8): e23777.

[48] Smith W R, 1956. Product Differentiation and Market Segmentation as Alternative Marketing Strategies [J]. Journal of Marketing, 21 (1): 3-8.

[49] Stefano M, Gianmarero I P, 2001. Ottaviano. Outsiders in Economic Entegration, the Ease of a Eransition Economy [J]. Economics of Transiton Volume, 9 (1): 229-249.

[50] Storm S, 2015. Structural Change [J]. Development and Change, 46 (4): 666-699.

[51] Stull W J, 1974. Land Use and Zoning in an UrbanEconomy [J]. The American Economic Review, 64 (3): 337-347.

[52] Taylor P J, 2004. World city network: A global urban analysis [M]. London and New York: Routledge.

[53] Tinbergen J, 1954. International Economic Integration [M]. Amsterdam: Elsevier: 95.

[54] Tone K, 2001. A slacks - based measure of efficiency in data envelopmentanalysis [J]. European Journal of Operational Research, 130 (3): 498-509.

[55] Tone K, 2002. A slacks-based measure of super-efficiency in data envelopmentanalysis [J]. European Journal of Operational Research, 143 (1): 32-41.

[56] Wang X, Shen X, Pei T, 2021. Efficiency Loss and Intensification Potential of Urban Industrial Land Use in Three Major Urban Agglomerations in China [J]. Sustainability, 12 (16454).

[57] Wang Y, Hui E C, 2017. Are local governments maximizing land revenue? Evidence fromChina [J]. China Economic Review, 43: 196-215.

[58] Wolfgang K, 2002. Geographic Localization of International Technology Diffusion [J]. The American Economic ReviewNashville, 92 (3): 120+201-211.

[59] Wu C, Wei Y D, Huang X, et al., 2021. Economic transition, spatial development and urban land use efficiency in the Yangtze River Delta, China [J]. Habitat International, 63: 67-78.

[60] Xie H, Chen Q, Lu F, et al., 2018. Spatial-temporal disparities, saving potential and influential factors of industrial land use efficiency: A case study in urban agglomeration in the middle reaches of the Yangtze River [J]. Land Use Policy, 75: 518-529.

[61] Xu X, Voon J P, 2003. Regional integration in China: a statistical model [J]. Economics Letters, 79 (1): 35-42.

[62] Young A, 2000. The razor's edge: Distortions and incremental reform in the People's Republic ofChina [J]. The Quarterly Journal of Economics, 115 (4): 1091-1135.

[63] Yu J, Zhou K, Yang S, 2019. Land use efficiency and influencing factors of urban agglomerations in China [J]. Land Use Policy, 88: 1-12.

[64] Zhang W, Shen Y, Wang Y, et al., 2018. The effect of industrial relocation on industrial land use efficiency in China: A spatial econometrics approach [J]. Journal of Cleaner Production, 205: 525-535.

[65] Zhao J, Zhu D, Cheng J, et al., 2021. Does regional economic integration promote urban land useefficiency [J]. Habitat International, 116.

[66] Zhao Z, Bai Y, Wang G, et al., 2018. Land eco-efficiency for new-type urbanization in the Beijing-Tianjin-Hebei Region [J]. Technological Forecasting Social Change, 13719-26.

［67］Zhu X, Zhang P, Wei Y, et al., 2019. Measuring the efficiency and driving factors of urban land use based on the DEA method and the PLS-SEM model—A case study of 35 large and medium-sized cities in China ［J］. Sustainable Cities and Society, 50.

［68］Zitti M, Ferrara C, Perini L, et al., 2020. Long-Term Urban Growth and Land Use Efficiency in Southern Europe: Implications for Sustainable Land Management ［J］. Sustainability, 7 (3): 3359-3385.

［69］阿弗里德·马歇尔, 2012. 经济学原理: 珍藏本 ［M］. 廉运杰, 译. 北京: 华夏出版社.

［70］白重恩, 杜颖娟, 陶志刚, 等, 2004. 地方保护主义及产业地区集中度的决定因素和变动趋势 ［J］. 经济研究, 04: 29-40.

［71］鲍新中, 刘澄, 张建斌, 2009. 城市土地利用效率的综合评价 ［J］. 城市问题, 4: 46-50.

［72］彼得·罗布森, 2001. 国际一体化经济学 ［M］. 戴炳然, 等译. 上海: 上海译文出版社.

［73］陈丹玲, 李菁, 胡碧霞, 2018. 长江中游城市群城市土地利用效率的空间关联特征 ［J］. 城市问题, 09: 55-64.

［74］陈丹玲, 卢新海, 匡兵, 2018. 长江中游城市群城市土地利用效率的动态演进及空间收敛 ［J］. 中国人口·资源与环境, 28 (12): 106-114.

［75］陈丹玲, 卢新海, 张超正, 等, 2021. 多维视域下区域一体化对城市土地绿色利用效率的影响机制研究 ［J］. 经济与管理研究, 42 (08): 96-110.

［76］陈丹玲, 2020. 区域一体化对城市土地利用效率的影响研究 ［D］. 华中科技大学.

［77］陈敏, 桂琦寒, 陆铭, 等, 2008. 中国经济增长如何持续发挥规模效应? ——经济开放与国内商品市场分割的实证研究 ［J］. 经济学（季刊）, 01: 125-150.

［78］陈荣，1995. 城市土地利用效率论［J］. 城市规划汇刊，4：28-33.

［79］陈伟，彭建超，吴群，2015. 基于容积率指数和单要素 DEA 方法的工业用地利用效率区域差异研究［J］. 自然资源学报，30（06）：903-916.

［80］陈映雪，甄峰，王波，等，2021. 基于微博平台的中国城市网络信息不对称关系研究［J］. 地球科学进展，27（12）：1353-1362.

［81］陈宇峰，叶志鹏，2014. 区域行政壁垒、基础设施与农产品流通市场分割——基于相对价格法的分析［J］. 国际贸易问题，06：99-111.

［82］程利莎，王士军，杨冉，2017. 基于交通信息流的哈长城市群空间网络结构［J］. 经济地理，37（05）：74-80.

［83］戴靓，曹湛，张维阳，等，2020. 多重空间流视角下长三角城市网络特征分析［J］. 长江流域资源与环境，29（06）：1280-1289.

［84］戴特奇，金凤君，王姣娥. 空间相互作用与城市关联网络演进——以我国 20 世纪 90 年代城际铁路客流为例［J］. 地理科学进展，2005（2）：80-89.

［85］丁生喜，2018. 区域经济学通论［M］. 北京：中国经济出版社，45.

［86］董洪超，蒋伏心，2020. 交通基础设施对中国区域市场一体化的影响研究——基于动态面板模型的实证分析［J］. 经济问题探索，05：26-39.

［87］范剑勇，王立军，沈林洁，2004. 产业集聚与农村劳动力的跨区域流动［J］. 管理世界，04：22-29+155.

［88］范剑勇，谢强强，2010. 地区间产业分布的本地市场效应及其对区域协调发展的启示［J］. 经济研究，45（04）：107-119+133.

［89］范欣，宋冬林，赵新宇，2017. 基础设施建设打破了国内市场分割吗？［J］. 经济研究，52（02）：20-34.

［90］方创琳，关兴良，2011. 中国城市群投入产出效率的综合测度与空间分异［J］. 地理学报，66（08）：1011-1022.

[91] 冯笑, 王永进, 2022. 贸易开放与中国制造业市场分割：兼论中国的"以开放促改革"战略 [J]. 国际贸易问题, 02：1-17.

[92] 付凌晖, 2010. 我国产业结构高级化与经济增长关系的实证研究 [J]. 统计研究, 27 (08)：79-81.

[93] 干春晖, 郑若谷, 余典范, 2011. 中国产业结构变迁对经济增长和波动的影响 [J]. 经济研究, 46 (05)：4-16+31.

[94] 官玉洁, 陈晓键, 2013. 渭南市城市土地利用效率考察 [J]. 城市问题, 10, 72-77.

[95] 郭嵘, 刘倩倩, 张婷麟, 2018. 中国市域空间结构的特征及其影响因素 [J]. 地理科学, 38 (5)：672-680.

[96] 韩冰华, 2005. 农地资源合理配置的制度经济学分析 [M]. 北京：中国农业出版社：52.

[97] 韩峰, 赖明勇, 2016. 市场邻近、技术外溢与城市土地利用效率 [J]. 世界经济, 1：123-151.

[98] 何好俊, 彭冲, 2017. 城市产业结构与土地利用效率的时空演变及交互影响 [J]. 地理研究, 36 (7)：1271-1282.

[99] 何凌云, 陶东杰, 2020. 高铁开通对知识溢出与城市创新水平的影响测度 [J]. 地理科学, 25 (08)：48-53.

[100] 贺际康, 2019. 区域一体化与城市土地利用效率的耦合 [D]. 湖南农业大学.

[101] 胡碧霞, 李菁, 匡兵, 2018. 绿色发展理念下城市土地利用效率差异的演进特征及影响因素 [J]. 经济地理, 38 (12)：183-189.

[102] 胡国建, 陈传明, 金星星, 等, 2019. 中国城市体系网络化研究 [J]. 地理学报, 74 (4)：681-693.

[103] 黄玖立, 李坤望, 2006. 出口开放、地区市场规模和经济增长 [J]. 经济研究, 06：27-38.

[104] 黄振雄, 罗能生, 2021. 土地财政对土地利用效率的影响

［J］. 中国土地科学, 33（09）: 93-100.

［105］姬志恒, 张鹏, 2022. 环境约束下中国城市土地利用效率空间差异及驱动机制——基于 285 个地级及以上城市的研究［J］. 中国土地科学, 34（08）: 72-79.

［106］吉赟, 杨青, 2020. 高铁开通能否促进企业创新: 基于准自然实验的研究［J］. 世界经济, 43（2）: 147-166.

［107］江艇, 2022. 因果推断经验研究中的中介效应与调节效应［J］. 中国工业经济, 05: 100-120.

［108］蒋大亮, 孙烨, 任航, 等, 2021. 基于百度指数的长江中游城市群城市网络特征研究［J］. 长江流域资源与环境, 24（10）: 1654-1664.

［109］金凤君, 王成金, 李秀伟, 2008. 中国区域交通优势的甄别方法及应用分析［J］. 地理学报, 08: 787-798.

［110］金贵, 邓祥征, 赵晓东, 等, 2018. 2005-2014 年长江经济带城市土地利用效率时空格局特征［J］. 地理学报, 73（07）: 1242-1252.

［111］柯善咨, 郭素梅, 2010. 中国市场一体化与区域经济增长互动: 1995~2007 年［J］. 数量经济技术经济研究, 27（05）: 62-72+87.

［112］匡兵, 卢新海, 胡碧霞, 2018. 经济发展与城市土地利用效率的库兹涅茨曲线效应——基于湖北省 12 个地级市的面数据［J］. 地域研究与开发, 37（06）: 139-144.

［113］雷利·巴洛维, 1989. 土地资源经济学——不动产经济学［M］. 谷树忠, 等, 译. 北京: 北京农业大学出版社.

［114］蕾切尔·卡逊, 2015. 寂静的春天［M］. 许亮, 译. 北京: 北京理工大学出版社.

［115］李菁, 胡碧霞, 匡兵, 等, 2017. 中国城市土地利用效率测度及其动态演进特征［J］. 经济地理, 37（08）: 162-167.

［116］李兰冰, 张聪聪, 2022. 高速公路连通性对区域市场一体化的影响及异质性分析［J］. 世界经济, 45（06）: 185-206.

［117］李璐，董捷，张俊峰，2021. 长江经济带城市土地利用效率地区差异及形成机理［J］. 长江流域资源与环境，27（08）：1665-1675.

［118］李瑞林，骆华松，2007. 区域经济一体化：内涵、效应与实现途径［J］. 经济问题探索，01：52-57.

［119］李仙德，2021. 基于上市公司网络的长三角城市网络空间结构研究［J］. 地理科学进展，33（12）：1587-1600.

［120］李雪松，张雨迪，孙博文，2017. 区域一体化促进了经济增长效率吗？——基于长江经济带的实证分析［J］. 中国人口·资源与环境，27（01）：10-19.

［121］李响，严广乐，2012. 长三角城市群网络化结构特征研究及实证分析［J］. 华东经济管理，26（1）：42-46.

［122］李永乐，舒帮荣，吴群，2014. 中国城市土地利用效率：时空特征、地区差距与影响因素［J］. 经济地理，34（01）：133-139.

［123］李卓伟，王彬燕，王士君，等，2020. 基于多元流的走廊地带城市网络联系分析——以辽西走廊为例［J］. 经济地理，40（10）：74-82.

［124］梁流涛，翟彬，樊鹏飞，2017. 经济聚集与产业结构对城市土地利用效率的影响［J］. 地域研究与开发，3：113-117.

［125］梁流涛，雍雅君，袁晨光，2019. 城市土地绿色利用效率测度及其空间分异特征——基于284个地级以上城市的实证研究［J］. 中国土地科学，33（06）：80-87.

［126］林志鹏，2013. 区域市场一体化影响经济增长的空间经济计量研究［D］. 华南理工大学.

［127］刘秉镰，朱俊丰，周玉龙，2020. 中国区域经济理论演进与未来展望［J］. 管理世界，2，182-194+226.

［128］刘承良，丁明军，张贞冰，等，2021. 武汉都市圈城际联系通达性对的测度与分析［［J］. 地理学进展，26（6）：96-108.

［129］刘冲，吴群锋，刘青，2020. 交通基础设施、市场可达性与企业

生产率——基于竞争和资源配置的视角 [J]. 经济研究，55（07）：140-158.

[130] 刘秋蓉，曹广忠，2019. 县域城乡建设用地效率及其与区域主体功能的空间关系 [J]. 城市发展研究，26（09）：80-87.

[131] 刘瑞明，2012. 国有企业、隐性补贴与市场分割：理论与经验证据 [J]. 管理世界，04：21-32.

[132] 刘瑞明，2007. 晋升激励、产业同构与地方保护：一个基于政治控制权收益的解释 [J]. 南方经济，06：61-72.

[133] 刘生龙，胡鞍钢，2011. 交通基础设施与中国区域经济一体化 [J]. 经济研究，46（03）：72-82.

[134] 刘世超，柯新利，2019. 中国城市群土地利用效率的演变特征及提升路径 [J]. 城市问题，09：54-61.

[135] 刘书畅，叶艳妹，肖武，2020. 我国东部四大城市群土地利用效率时空差异及驱动因素 [J]. 城市问题，4：14-20.

[136] 卢丽文，宋德勇，李小帆，2016. 长江经济带城市发展绿色效率研究 [J]. 中国人口·资源与环境，26（06）：35-42.

[137] 卢新海，陈丹玲，匡兵，2018b. 区域一体化背景下城市土地利用效率指标体系设计及区域差异——以长江中游城市群为例 [J]. 中国人口·资源与环境，28（07）：102-110.

[138] 卢新海，陈丹玲，匡兵，2018a. 区域一体化对城市土地利用效率的影响——以武汉城市群为例 [J]. 城市问题，03：19-26.

[139] 卢新海，柯楠，匡兵，等，2019. 中部地区土地城镇化水平差异的时空特征及影响因素 [J]. 经济地理，39（04）：192-198.

[140] 卢新海，唐一峰，匡兵，2018. 长江中游城市群城市土地利用效率空间溢出效应研究 [J]. 长江流域资源与环境，27（02）：252-261.

[141] 卢新海，杨喜，陈泽秀，2020. 中国城市土地绿色利用效率测度及其时空演变特征 [J]. 中国人口·资源与环境，30（08）：83-91.

[142] 卢新海，2006. 城市土地管理与经营 [M]. 北京：科学出版社.

[143] 陆铭，陈钊，严冀，2004. 收益递增、发展战略与区域经济的分割 [J]. 经济研究，01：54-63.

[144] 陆铭，陈钊，2009. 分割市场的经济增长——为什么经济开放可能加剧地方保护？[J]. 经济研究，44（03）：42-52.

[145] 陆铭，李鹏飞，钟辉勇，2019. 发展与平衡的新时代——新中国70年的空间政治经济学 [J]. 管理世界，（10）：11-23+63+219.

[146] 罗必良，陆铭，郑怡林，等，2022. 加快建设全国统一大市场——"建设统一大市场理论研讨会"主旨发言摘编 [J]. 南方经济，06：1-21.

[147] 罗能生，彭郁，罗富政，2021. 土地市场化对城市土地综合利用效率的影响 [J]. 城市问题，11：21-28.

[148] 吕越，盛斌，吕云龙，2018. 中国的市场分割会导致企业出口国内附加值率下降吗 [J]. 中国工业经济，05：5-23.

[149] 马丽亚，修春亮，冯兴华，2019. 多元流视角下东北城市网络特征分析 [J]. 经济地理，39（08）：51-58.

[150] 马凌远，李晓敏，2019. 科技金融政策促进了地区创新水平提升吗？——基于"促进科技和金融结合试点"的准自然实验 [J]. 中国软科学，12：30-42.

[151] 孟德友，冯兴华，文玉钊，2021. 铁路客运视角下东北地区城市网络结构演变及组织模式探讨 [J]. 地理研究，36（07）：1339-1352.

[152] 苗建军，徐愫，2020. 空间视角下产业协同集聚对城市土地利用效率的影响——以长三角城市群为例 [J]. 城市问题，01：12-19.

[153] 皮建才，2008. 中国地方政府间竞争下的区域市场整合 [J]. 经济研究，03：115-124.

[154] 庞塞特，2002. 中国市场正在走向"非一体化"？——中国国内和国际市场一体化程度的比较分析 [J]. 世界经济文汇，01：3-17.

[155] 邱坚坚，刘毅华，陈浩然，等，2019. 流空间视角下的粤港澳大湾区空间网络格局——基于信息流与交通流的对比分析 [J]. 经济地理，39

（06）：07-15.

[156] 曲福田，诸培新，2018. 土地经济学（第四版）[M]. 北京：中国农业出版社：130+162.

[157] 盛斌，毛其淋，2011. 贸易开放、国内市场一体化与中国省际经济增长：1985~2008 年 [J]. 世界经济，11：44-66.

[158] 石林，傅鹏，李柳勇，2018. 高铁促进区域经济一体化效应研究 [J]. 上海经济研究，01：53-62+83.

[159] 宋伟，李秀伟，修春亮，2020. 基于航空客流的中国城市层级结构分析 [J]. 地理研究，04：917-926.

[160] 宋渊洋，黄礼伟，2014. 为什么中国企业难以国内跨地区经营？ [J]. 管理世界，12：115-133.

[161] 孙伟增，于海波，2012. 中国城市人口规模结构的重构（一）[J]. 城市规划，08：33-42.

[162] 孙伟增，牛冬晓，万广华，2022. 交通基础设施建设与产业结构升级——以高铁建设为例的实证分析 [J]. 管理世界，3：19-34+58.

[163] 孙阳，张落成，姚士谋，2017. 长三角城市群"空间流"网络结构特征——基于公路运输、火车客运及百度指数的综合分析 [J]. 长江流域资源与环境，26（09），1304-1310.

[164] 孙中瑞，樊杰，孙勇，2021. 科研机构合作网络演化特征对创新绩效的影响——以中国科学院为例 [J]. 27（18）：131-139.

[165] 万娟娟，陈璇，2022. 土地发展权视域下中国城市土地集约利用效率空间格局及溢出效应 [J]. 经济地理，38（06）：160-167.

[166] 汪锋，姚树洁，张帆，2020. 开通高铁对沿线城市经济增长的研究 [J]. 数量经济研究，11（04）：105-117.

[167] 王德起，庞晓庆，2019. 京津冀城市群绿色土地利用效率研究 [J]. 中国人口·资源与环境，29（4）：68-76.

[168] 王国平，2019. 城市决策论（下）[M]. 杭州：杭州出版社：72.

[169] 王海军，张彬，刘耀林，等，2018. 基于重心-GTWR 模型的京津

冀城市群城镇扩展格局与驱动力多维解析 [J]. 地理学报, 73 (06)：1076-1092

[170] 王建康, 2018. 中国省际市场分割程度的时空格局及影响因素 [J]. 地理科学, 38 (12)：1988-1997.

[171] 王建林, 赵佳佳, 宋马林, 2017. 基于内生方向距离函数的中国城市土地利用效率分析 [J]. 地理研究, 36 (07)：1386-1398.

[172] 王姣娥, 莫辉辉, 金凤君, 2021. 中国航空网络空间结构的复杂性 [J]. 地理学报, 64 (08)：899-910.

[173] 王良健, 李辉, 石川, 2019. 中国城市土地利用效率及其溢出效应与影响因素 [J]. 地理学报, 70 (11)：1788-1799.

[174] 王璐, 王微, 2018. 京津冀区域经济一体化发展研究 [M]. 成都：电子科技大学出版社：33.

[175] 王少剑, 高爽, 王宇渠, 2019. 基于流空间视角的城市群空间结构研究——以珠三角城市群为例 [J]. 地理研究, 38 (08)：1849-1861.

[176] 王少剑, 王婕妤, 2022. 区域贸易视角下中国省域隐含土地流动研究 [J]. 地理学报, 77 (5)：1072-1085.

[177] 王向东, 刘小茜, 裴韬, 等, 2019. 基于技术效率测算的京津冀城市土地集约利用潜力评价 [J]. 地理学报, 74 (09)：1853-1865.

[178] 文雁兵, 张梦婷, 俞峰, 2022. 中国交通基础设施的资源再配置效应 [J]. 经济研究, 1：155-171.

[179] 吴得文, 毛汉英, 张小雷, 等, 2011. 中国城市土地利用效率评价 [J]. 地理学报, 66 (08)：1111-1121.

[180] 吴福象, 2019. 长三角区域一体化发展中的协同与共享 [J]. 人民论坛·学术前沿, 04：34-40.

[181] 吴昊, 张馨月, 2021. 高铁对沿线城市旅游业发展影响研究——以京广高铁为例 [J]. 经济问题, 37 (11)：85-94.

[182] 吴威, 曹有挥, 曹卫东, 等, 2021. 长三角地区交通优势度的空间格局 [J]. 地理研究, 30 (12)：2199-2208.

[183] 行伟波, 李善同, 2009. 本地偏好、边界效应与市场一体化——基于中国地区间增值税流动数据的实证研究 [J]. 经济学 (季刊), 8 (04): 1455-1474.

[184] 徐现祥, 李郇, 王美今, 2007. 区域一体化、经济增长与政治晋升 [J]. 经济学 (季刊), 04: 1075-1096.

[185] 徐现祥, 李郇, 2005. 市场一体化与区域协调发展 [J]. 经济研究, 12: 57-67.

[186] 薛梦迪, 2021. 国内市场分割对研发资源错配的影响研究 [D]. 大连理工大学.

[187] 谢呈阳, 王明辉, 2020. 交通基础设施对工业活动空间分布的影响研究 [J]. 管理世界, 12: 52-64+161.

[188] 杨海泉, 胡毅, 王秋香, 2015. 2001～2012 年中国三大城市群土地利用效率评价研究 [J]. 地理科学, 35 (09): 1095-1100.

[188] 杨君, 贺际康, 陈丹玲, 2019. 长中城市群区域一体化与土地利用效率耦合关系演变 [J]. 城市问题, 01: 63-69.

[190] 杨清可, 段学军, 王磊, 等, 2021. 长三角区域一体化与城市土地利用效率的协同测度及交互响应 [J]. 资源科学, 43 (10): 2093-2104.

[191] 杨清可, 段学军, 叶磊, 等, 2014. 基于 SBM-Undesirable 模型的城市土地利用效率评价——以长三角地区 16 城市为例 [J]. 资源科学, 36 (04): 712-721.

[192] 杨小芳, 代侦勇, 田士如, 2017. 城市化与城市土地利用效率的时空耦合关系——以长江中游城市群为例 [J]. 测绘与空间地理信息, 40 (10): 102-104.

[193] 银温泉, 才婉茹, 2001. 我国地方市场分割的成因和治理 [J]. 经济研究, 06: 3-12+95.

[194] 于斌斌, 2015. 中国城市群产业集聚与经济效率差异的门槛效应研究 [J]. 经济理论与经济管理, 03: 60-73.

[195] 于斌斌, 苏宜梅, 2022. 土地财政如何影响土地利用效率？——

基于规模与技术视角的动态空间杜宾模型检验［J］. 地理研究, 41（2）, 527-545.

［196］岳立, 李文波, 2018. 环境约束下的中国典型城市土地利用效率——基于 DDF-Global Malmquist-Luenberger 指数方法的分析［J］. 资源科学, 39（04）: 597-607.

［197］詹国辉, 2021. 城市建设用地利用效率及其影响因素探究——以江苏省 13 个城市为例［J］. 华东经济管理, 31（06）: 11-15.

［198］曾冰, 徐玉东, 2020. 长江经济带土地利用效率空间格局及驱动机制研究［J］. 金融理论与教学, 02: 77-82.

［199］张博航, 王琛, 2022. 城市土地利用效率的时空分异特征研究［J］. 科技资讯, 91（05）: 91-95.

［200］张海军, 张志明, 2020. 金融开放、产业结构升级与经济一体化发展——基于长三角城市群的实证研究［J］. 经济问题探索, 05: 122-133.

［201］张浩哲, 杨庆媛, 2021. 中国收缩城市土地利用效率及其影响因素研究［J］. 人文地理, 03（04）: 108-116.

［202］张建华, 2017. 市场分割下农户农地流转行为研究［M］. 武汉: 武汉大学出版社: 13.

［203］张杰, 张培丽, 黄泰岩, 2010. 市场分割推动了中国企业出口吗?［J］. 经济研究, 45（08）: 29-41.

［204］张立新, 朱道林, 杜挺, 等, 2017. 基于 DEA 模型的城市建设用地利用效率时空格局演变及驱动因素［J］. 资源科学, 39（03）: 418-429.

［205］张丽亚, 2009. 区域一体化进程中的金融稳定探讨［J］. 软科学, 22（01）: 120-122.

［206］张荣天, 焦华富, 2015. 长江经济带城市土地利用效率格局演变及驱动机制研究［J］. 长江流域资源与环境, 24（03）: 387-394.

［207］张瑞, 文兰娇, 王宁柯, 等, 2023. 科技创新对城市土地绿色利用效率的影响——以武汉都市圈 48 个区县为例［J］. 资源科学, 45（02）: 264-280.

[208] 张雯熹, 邹金浪, 吴群, 2020. 生产要素投入对城市土地利用效率的影响——基于不同工业化阶段省级数据 [J]. 资源科学, 42 (07): 1416-1427.

[209] 张衔春, 胡国华, 单卓然, 等, 2021. 中国城市区域治理的尺度重构与尺度政治 [J]. 地理科学, 41 (1): 100-108.

[210] 张治栋, 秦淑悦, 2018. 环境规制、产业结构调整对绿色发展的空间效应——基于长三角城市的实证研究 [J]. 现代经济探讨, 11: 79-86.

[211] 赵可, 徐唐奇, 李平, 等, 2015. 不同规模城市土地利用效率差异及收敛性研究 [J]. 干旱区资源与环境, 29 (12): 1-6.

[212] 赵映慧, 谌慧倩, 远芳, 等, 2020. 基于QQ群网络的东北地区城市联系特征与层级结构 [J]. 经济地理, 37 (03): 49-54.

[213] 赵映慧, 初楠臣, 郭晶鹏, 等, 2017. 中国三大城市群高速铁路网络结构与特征 [J]. 经济地理, 37 (10): 68-73.

[214] 赵哲, 曾晨, 程轶皎, 2020. 交通路网的空间外溢性对土地集约利用的影响——以京津冀城市群为例 [J]. 经济地理, 40 (7): 174-183.

[215] 郑毓盛, 李崇高, 2003. 中国地方分割的效率损失 [J]. 中国社会科学, 01: 64-72+205.

[216] 周黎安, 2004. 晋升博弈中政府官员的激励与合作——兼论我国地方保护主义和重复建设问题长期存在的原因 [J]. 经济研究, 06: 33-40.

[217] 周敏, 匡兵, 饶映雪, 2018. 极化理论视角下城市建设用地的时空异质性 [J]. 中国人口·资源与环境, 28 (03): 46-52.

[218] 朱红波, 宁思银, 2021. 成渝城市群土地利用效率及其影响因素——基于环境约束视角 [J]. 调研分析, 08: 43-50.

[219] 朱立祥, 雒占福, 王启雯, 等, 2020. 环境约束下的甘肃省城市土地利用效率时空差异及其演进特征 [J]. 水土保持研究, 27 (04): 368-375.

[220] 朱桃杏, 吴殿廷, 马继刚, 等, 2020. 京津冀区域铁路交通网络结构评价 [J]. 经济地理, 31 (04): 561-565+572.